Cornelia Mack
Kleiner Unterschied – große Wirkung
So verstehen sich Mann und Frau

Cornelia Mack

Kleiner Unterschied – große Wirkung

So verstehen sich Mann und Frau

SCM Hänssler

SCM

Stiftung Christliche Medien

7. Auflage 2013
Überarbeitete Neuauflage in neuer Rechtschreibung.
Dieser Titel erschien zuvor unter der ISBN 978-3-7751-2945-9.

© der deutschen Ausgabe 2002 und 2010
SCM Hänssler im SCM-Verlag GmbH & Co. KG · 71088 Holzgerlingen
Internet: www.scm-haenssler.de; E-Mail: info@scm-haenssler.de

Die Bibelverse sind, wenn nicht anders angegeben, folgender Ausgabe entnommen: Lutherbibel, revidierter Text 1984, durchgesehene Ausgabe in neuer Rechtschreibung, © 1999 Deutsche Bibelgesellschaft, Stuttgart.

Umschlaggestaltung: OHA Werbeagentur GmbH, Grabs, Schweiz; www.oha-werbeagentur.ch
Titelbild: shutterstock.com
Satz: typoscript GmbH, Walddorfhäslach
Illustrationen: Saskia Klingelhöfer
Druck und Bindung: CPI – Ebner & Spiegel, Ulm
Gedruckt in Deutschland
ISBN 978-3-7751-5210-5
Bestell-Nr. 395.210

Meinem Mann in großer Dankbarkeit
für 33 Jahre Ehe.

Inhalt

Vorwort

Für ein besseres Miteinander von Mann und Frau

Mann und Frau in unserer Welt – ein weites Thema, ein spannendes und manchmal auch ein brisantes.

Dass Mann und Frau verschieden sind, wird niemand bezweifeln. Aber die Frage, wie wir mit diesem Wissen umgehen, ist damit noch lange nicht gelöst.

Es kann sein, dass wir von der Andersartigkeit des anderen Geschlechts fasziniert sind, möglicherweise sind wir aber auch bestürzt und betroffen. Es kann sein, dass die unterschiedliche Herangehensweise an die Welt zu Unverständnis führt oder aber überraschende und positive Lerneffekte in sich birgt.

Je mehr wir voneinander wissen, desto besser. Auf diese Weise bekommen wir einen neuen Blick aufeinander und viele Missverständnisse erübrigen sich. Das Miteinander von Mann und Frau wird erst dann schwierig, wenn Misstrauen einkehrt, wenn die gegenseitige Wahrnehmung nur noch negativ gefiltert ist und daraus dann ein täglicher Kleinkrieg wird.

Die Grundidee Gottes ist eine andere: Frauen und Männer können einander auf hervorragende Weise ergänzen, nicht nur in der Ehe und in der Familie, sondern auch in allen anderen Bereichen des Lebens.

Immer neu komme ich ins Staunen darüber, wie exzellent es Gott sich ausgedacht hat, dass Frau und Mann nicht gleich sind, sondern unterschiedlich. Wie wir erleben, fühlen, reagieren, denken, nach Lösungen suchen und die Welt wahrnehmen, hängt ganz stark davon ab, ob wir ein Mann oder eine Frau sind. Das macht das Miteinander so spannend und die Ergänzung so notwendig.

Mit diesem Buch will ich dazu verhelfen, dass wir eine neue Sichtweise aufeinander bekommen, mehr Sensibilität für die Andersartigkeit des anderen Geschlechts gewinnen und möchte dazu ermutigen voneinander zu lernen und uns ergänzen zu lassen.

Die Neuauflage dieses Buches ist eine erweiterte und überarbeitete Fassung des bereits 2002 erschienenen Buches. Die wissenschaftliche Forschung hat in der Zwischenzeit noch weitere interessante Ergebnisse zutage gefördert, die ich zum Teil mit eingearbeitet habe.

Darum hat dieses Buch drei Teile: In *Teil 1* möchte ich beleuchten, in welchem ideologischen und biblischen Themenkreis wir die Thematik ansiedeln müssen. In *Teil 2* beschreibe ich Erkenntnisse über die Unterschiede.

In *Teil 3* ziehe ich Schlussfolgerungen, vertiefe einige biblische Aussagen zum Thema Mann und Frau und gebe Hilfestellungen für den Umgang mit diesem Thema in Ehe und Familie.

Um einer flüssigen Lesbarkeit willen habe ich auf die inklusive Sprachregelung verzichtet: Ich weiß, dass es nicht nur Psychologen und Seelsorger, sondern auch Psychologinnen und Seelsorgerinnen gibt. Natürlich sind immer beide Geschlechter gemeint.

Das Inhaltsverzeichnis ist so ausführlich gehalten, dass man auch einzelne Themenbereiche überspringen kann und sich auf das konzentrieren kann, was einem persönlich gerade am wichtigsten oder interessantesten erscheint.

Ich wünsche allen Lesern, dass sie das Aufregende und Herausfordernde am anderen und am eigenen Geschlecht neu entdecken und dadurch begeistert werden für Gottes Grundidee der Ergänzung.

Ich danke meinem Mann für viele Gespräche zu diesem Thema und die hilfreiche Begleitung der Texte dieses Buches. Ich bin dankbar für den Weg, den wir miteinander in bisher 33 Jahren Ehe gehen konnten, und dass wir darin etwas von dem wunderbaren Geschenk Gottes an uns Menschen entdecken konnten.

Cornelia Mack

Teil 1 – Beobachtungen zum Thema Mann und Frau

 ## Die verunsicherte Beziehung

Schon immer war das Verhältnis von Mann und Frau spannend. Im Lauf der Geschichte hat es häufig für Irritationen und Diskussionen gesorgt. Bereits in der Bibel ergab es reichlich Gesprächsstoff. Selbst der Umgang von Jesus mit den Frauen führte gelegentlich zu heftigen Auseinandersetzungen.

Werfen wir einen Blick auf die jüngere Geschichte, lassen sich zwei Fehlentwicklungen im Denken über das Verhältnis von Mann und Frau ausmachen. Zum einen ist da eine gegenseitige Geringschätzung und Kampfansage mit dem Ziel der Abwertung des anderen Geschlechts. Zum anderen gibt es den Versuch einer völligen Gleichmacherei und Aufweichung der Unterschiede.

Abwertungen

Wenn wir den Ursprungsgedanken Gottes aus den Augen verlieren, sind wir schnell dabei, uns über das andere Geschlecht zu erheben und dieses schlechtzumachen. Dies schlägt sich dann in einem gestörten Verhältnis – sowohl im alltäglichen Miteinander als auch in ideologischen Auseinandersetzungen – nieder. Zwei gegensätzliche Denkrichtungen spiegeln das wider.

Abwertung 1:
Mannsein ist schlecht, Frausein ist gut

Oder: Frau soll Frau werden, um Mensch zu sein. So lautet die Kurzthese des Differenzfeminismus[1] (Luce Irigaray).

Besonders deutlich wurde dieser Denkansatz in den Studentenprotesten der 1968er-Jahre. Darin entwickelte sich ein kritischer Blick auf die traditionelle Rollenverteilung von Mann und Frau und das »patriarchale System« der Gesellschaft. Männer wurden dafür angeklagt, dass sie Mann waren. Frauen versuchten, sich von der Männerherrschaft zu befreien, um ihr ureigentlich Weibliches wieder leben und gestalten zu können. Der Mann wurde zum Feind und Unterdrücker und geriet somit in eine Verteidigungsposition.

Bis heute eignen sich viele Frauen als Folge davon Negativurteile über »die Männer« an: unreif, verspielt, unsensibel, verantwortungslos, machthungrig. Sie legen eine Negativfolie über ihren Blick auf »den Mann« und denken: Männer müssen kontrolliert und erzogen werden. Ein Klima des Misstrauens kehrt dadurch in die Beziehungen ein. So geraten Frauen in ständige Empörungsbereitschaft gegenüber dem Mann. Viele Frauen sind auf diesem Gebiet in eine erstaunliche Intoleranz abgekippt und missdeuten jedes Verhalten eines Mannes als Bestätigung ihrer Vorurteile oder Urteile über den Mann.

Der Mann erscheint als Feind, der erst einmal beweisen muss, dass er (wenn er lieb ist) eventuell doch noch zum Freund werden könnte.

Zusätzlich wird unterschwellig vermittelt: Ihr Männer seid schuld daran, wenn es den Frauen schlecht geht.

Heute werden eher Männer von Frauen unterdrückt als umgekehrt.

Die Folge aufseiten der Männer: Sie müssen ihre Männlichkeit unterdrücken, um es den Frauen recht zu machen. Sie werden zu »Sitzpinklern« und Machos degradiert.

Männer wagen oft gar nicht mehr, höflich und respektvoll mit Frauen umzugehen, weil sie Angst haben, als Unterdrücker oder Gewalttäter abgestempelt zu werden. So kommen sie zu dem Ergebnis: »*Egal, wie ich es mache, es ist immer falsch!*«

Irgendwann kündigen sie ihre Verantwortung auf und entziehen sich dem System Ehe und Familie, werden zu Alleingängern und wollen in Ruhe gelassen werden.

Wenn die Beziehung zu einer Frau verbindlich wird, kommt es zum offenen Kampf: die Aufgabenverteilung muss verhandelt, Freizeitaktivitäten müssen gemeinsam geplant werden.

Viele erleben dies als eine Aufforderung zum Konkurrenzdenken. Diesen Stress wollen manche Männer nicht, sondern leben dafür lieber unverbindliche Teilzeitbeziehungen.

»Mädchen sind die neue Elite«, stellte die Shell-Jugendstudie bereits 2006 fest. Der Mann ist vom weiblichen Geschlecht »überholt« worden; die Arbeitslosenquote bei Männern steigt stetig und stärker an als bei Frauen. Dass Mädchen besser in der Schule sind, sie halb so oft die Schullaufbahn abbrechen und an den Universitäten in der Mehrheit sind, ist bekannt. Frauen rauchen weniger als Männer, nehmen nicht so häufig Drogen, leiden nicht so sehr unter Herz-Kreislauf-Erkrankungen, leben länger und sind seltener kriminell.

Die Rolle des Familienoberhauptes, ja überhaupt einen positiven Blick auf ihr Mannsein, haben Männer heute vielfach verloren. So erleben heute viele Jungen die Väter und Männer nicht mehr als prägende Vorbilder, denn zu Hause, in den Kindergärten und Grundschulen werden sie von Frauen erzogen. Diese wiederum erwarten von allen gleichermaßen eine harmonische und friedfertige Atmosphäre, fürsorgliches Verhalten und Einfühlsamkeit. Das Schulversagen vieler Jungen ist auf diesem Hintergrund verständlich und macht ein tiefer liegendes Problem sichtbar: die Krise der Männer als Folge der Abwertungen des Mannseins durch den Feminismus. Was ursprünglich im guten Sinn als »typisch Mann« galt, wird heute abgewertet und als krankhaft bezeichnet.[2]

Es war erklärtes Ziel der Frauenbewegung, die Bedeutung der Väter herunterzuspielen. Sie durften noch als Erzeuger und Unterhaltszahler herhalten, alles andere sollten Mütter alleine bewältigen. Die Abschaffung der Väter war ein notwendiger Schritt im Kampf gegen die Männerherrschaft. Gleichzeitig überforderten sich die Mütter mit dem Anspruch, den Kindern zugleich Mutter und Vater sein zu können.

Der Psychotherapeut Jörg Bopp analysierte es so: »Es kommt nicht selten vor, dass Kritik an der Männerherrschaft in unserer Gesellschaft dazu herhalten muss, mütterliche Besitzansprüche auf die Kinder zu vertuschen ... Das Bild von der grandiosen und alles könnenden Mutter und den überflüssigen Männern behinderte die Kinder in der Suche nach ihrer eigenen geschlechtlichen Identität«.[3]

Abwertung 2:
Frausein ist schlecht, Mannsein ist gut

Oder: Frau muss Mann werden, um Mensch zu sein – so die Kurzthese des Egalitätsfeminismus[4] (Simone de Beauvoir).

Dieses Denken war auch in der wissenschaftlichen Literatur weitverbreitet: Sowohl in der medizinischen als auch in der psychologischen Literatur war die Frau lange Zeit ein Wesen mit Defiziten. Es herrschte in der Medizin ein sogenannter »Androzentrismus« vor: Das medizinische Denken und Forschen ging vom Mann als dem Normalen aus, Frauen waren Abweichungen von der Norm. Noch im 19. Jahrhundert galt das Frausein an sich schon als Krankheit.[5]

In der Psychologie (Piaget, Kohlberg, Erikson), aber auch in der Medizin nahm man lange Zeit immer nur männliche Probanden für die Forschungen und kam dann zu dem Ergebnis, dass Frauen, wenn sie in den Tests nicht die Höchstwerte erreichten, eben von der »männlichen« Norm abweichen oder nicht an die männlichen Fähigkeiten heranreichen können. Der dahinterliegende Denkansatz lautet: Wären Frauen wie Männer, wären sie normal. Oder: Frauen sollten eigentlich wie ein Mann sein, um vollwertig zu sein.

Interessanterweise hat der Egalitäts-Feminismus dieses Denken noch durch Aussagen verstärkt wie: »Weiblichkeit bzw. Mütterlichkeit zählt nicht, der Kinderwunsch ist altmodisch, Mütter sind Heimchen am Herd.« Was Männer leisten, können Frauen auch: Geld verdienen, Politik treiben, Firmen leiten. Wenn Männer ihren Selbstwert aus der Arbeit und der beruflichen Leistung beziehen, dann dürfen Frauen darin nicht zurückstehen. Bewusst oder unbewusst folgte das feministische Denken damit einer marxistischen Maxime: Der Mensch verwirklicht sich nur mit all seinen Fähigkeiten, wenn er arbeitet – wobei manche bisher frauentypische Aufgaben, z. B. Kindererziehung, nicht von vornherein als sinnvolle und erfüllende »Arbeit« verstanden wurde.

Dieses Gedankengut führte dazu, dass viele Frauen versucht haben, sich der männlichen Welt anzupassen und ihr Frausein zu unterdrücken.

- Mütterlichkeit, Fürsorglichkeit und Beziehungspflege waren plötzlich out. Der Wert einer Frau definiert sich über ihren beruflichen Erfolg, Karriere, Leistung und Aufstieg.
- Der Wert der Familienarbeit wurde nur noch am materiellen Ertrag gemessen. Dass Kindererziehung auch Prägung einer kommenden Generation und damit gesellschaftspolitische Arbeit ist, wird bis heute viel zu sehr unterschätzt.
- In der Kleidung und im Aussehen glichen sich viele Frauen den Männern an, trugen Anzüge, rauchten Zigarillos, hatten Kurzhaarschnitte und kamen mit der Aktentasche zur Arbeit.

Frauen erreichten damit zwar teilweise materielle Unabhängigkeit und Freiheit von als lästig empfundenen Verpflichtungen und konnten bisher vernachlässigte Talente entwickeln. Sie merkten dann aber oft zu spät, dass ihnen dadurch wesentliche Bereiche wie Mütterlichkeit, Weiblichkeit, Personenbezogenheit und schöpferische Gestaltungsfreiheit verloren gegangen waren. Anneliese Fuchs analysiert es so: »Sie begibt sich aus dem Gefängnis der weiblichen Einseitigkeit, um sich im Gefängnis der männlichen Einseitigkeit wiederzufinden.«[6] Die Folge der Abwertung des Frauseins war, dass es keine Möglichkeit zur Ergänzung gab, der Gegenpol zur männlichen Welt fehlte.

Für viele Frauen war die Folge dieses Lebensstils eben nicht Zufriedenheit, sondern Einsamkeit und Enttäuschung. Aber auch Verunsicherung, Schuldgefühle und innere Zerrissenheit, denn sie blieben in allen Bereichen immer etwas schuldig. Ihren Kindern konnten sie nicht in dem Maß gerecht werden, wie sie es sich gewünscht hätten – und umgekehrt im Beruf waren sie oft zu stark in Gedanken bei den Kindern und konnten sich deswegen auch dort nicht wirklich voll einbringen.

Ende September 2009 veröffentlichten amerikanische Zeitungen Daten über die Zufriedenheit von Frauen. Der Unternehmensberater Marcus Buckingham stellte anhand der Daten die These auf, Frauen seien im Lauf der vergangenen 40 Jahre weniger zufrieden geworden. Seine Schlussfolgerung: Der Feminismus mit all seinen Freiheiten und Wahlmöglichkeiten hat die Frauen tatsächlich unglücklicher gemacht, denn die Anforderungen an die Frauen sind dadurch nur noch gestiegen.

Die Grundidee, alles zu können und zu wollen, mündete in einer ständigen Überforderung und inneren Unruhe. Die Töchtergeneration der Frauenbewegung setzt ihre Ansprüche an sich selbst gnadenlos hoch an. Die Folgen der Selbstverwirklichung sind nicht mehr Selbstachtung und Selbstwertgefühl, sondern überzogen hohe Ansprüche, die nur weitere Unzufriedenheit nach sich ziehen.[7]

Gleichmacherei der Geschlechter

Die Verunsicherung in den Geschlechterrollen zeigt sich nicht nur im Versuch der gegenseitigen Abwertung, sondern auch im Versuch der Gleichmacherei der Geschlechter.

Zurzeit wird der Denkansatz »Gender-Mainstreaming« viel diskutiert und zitiert. Er geht zurück auf die

Feministin Judith Butler. Sie führt in ihrem Buch »Das Unbehagen der Geschlechter«[8] aus, Geschlecht sei keine biologische Vorgabe, sondern von der Gesellschaft geprägt und geformt, also konstruiert, und könne somit jederzeit auch wieder »dekonstruiert« werden. Sie behauptet, es gebe kein biologisches Geschlecht (*sex*), sondern nur ein sozial und kulturell zugeschriebenes Geschlecht (*gender*).

Der Mensch ist also – so Butler – nicht von Geburt an auf ein Geschlecht festgelegt, sondern wird zu Mann oder Frau gemacht – durch über Jahrhunderte hinweg vorgegebene kulturelle Prägungen. Schlussendlich folgert sie, dass jeder im Lauf seines Lebens selbst entscheiden müsse, ob er als Mann oder Frau leben wolle, wobei sich die sexuelle Orientierung im Lauf eines Lebens durchaus immer verändern ließe. Erklärtes Ziel ist die Auflösung der Zwei-Geschlechter-Ordnung und die »Vervielfältigung der Geschlechter«.

Darum solle auch darauf verzichtet werden, im Personalausweis eine Geschlechtsangabe einzutragen.

Inzwischen hat ein Witz sich dessen angenommen. Auf die Frage: »Ist es ein Junge oder ein Mädchen?«, antworten die Eltern stolz: »Das lassen wir es später selbst mal entscheiden.«

In Spanien wird in der Geburtsurkunde anstelle von Vater und Mutter nur noch »Progenitor A und B«[9] eingetragen, um Geschlechtsangaben zu vermeiden.

Skurrile Stilblüten treibt dieser Denkansatz zum Beispiel auch im amerikanischen Sprachgebrauch, wo darauf hingearbeitet wird, dass alle geschlechtsspezifischen Äußerungen in öffentlichen Verlautbarungen vermieden werden. Statt *she/her* oder *he/his*, wird deshalb der Plural *they* oder *their* verwendet. Der dahinterstehende Denkansatz meint: Die Sprache prägt unser Denken und programmiert uns auf die Unterschiede zwischen Mann und Frau.

Auf ein bemerkenswertes Gegenargument weist Doris Bischof-Köhler[10] hin: In der türkischen Sprache gibt es keine Unterscheidung der Geschlechter. Würde Judith Butler recht haben darin, dass unter anderem Sprache Denkmuster und damit Verhalten prägt, dürfte es in der türkischen Gesellschaft keine Ungleichbehandlung von Männern und Frauen mehr geben.

Ein weiterer Ausdruck für die Verwischung und damit Verwirrung der Geschlechter ist die »Unisex-Mode«, die von Mann und Frau gleichermaßen getragen werden kann. Im Herbst 1996 wurde eine transsexuelle Schaufensterpuppe namens Zaldy[11] hergestellt, die das Schönheitsideal zwischen männlich und weiblich prägen soll. Deren besonderes Kennzeichen: hohe (männliche) Wangenknochen und sinnlicher (weiblicher) Mund.

In vielen Veröffentlichungen wird auf Judith Butler zurückgegriffen. Viele missverstehen ihren Denkansatz als Aufruf zur Geschlechtergerechtigkeit. Auf Internetseiten und Buchtiteln, auf Einladungen zu Schulungen und Veranstaltungen, überall wird dafür geworben. Gender-Mainstreaming ist das offizielle Konzept der Gleichstellungspolitik der Europäischen Union. So finden sich auf vielen Internetseiten des Bundesinnenministeriums und Bundesfamilienministeriums Vorschläge zur Umsetzung dieses Ansatzes.

 ## Ebenbild Gottes

Spiegeln wir die Aussagen von Judith Butler an der Bibel, müssen wir feststellen, dass diese in deutlichem Gegensatz dazu stehen. Nach Butler verfügt der Mensch über sich selbst, er ist nicht von Gott in ein Geschlecht hineingerufen, sondern macht sich selbst zu Mann oder Frau.

Nach biblischem Verständnis aber bildet sich Gott in Mann und Frau ab: »*Gott schuf den Menschen zu seinem Bilde, zum Bilde Gottes schuf er ihn; und schuf sie als Mann und Frau. Und Gott segnete sie … Und Gott sah an alles, was er gemacht hatte, und siehe, es war sehr gut*« (1. Mose 1,27ff.).

Die Schöpfung findet ihre Vollendung in der Erschaffung von Mann und Frau als Gottes Ebenbild. Der Mensch ist also weder androgyn (zweigeschlechtlich), noch hat er die Verfügung oder das Bestimmungsrecht über seine geschlechtliche Identität, sondern er ist Mann **oder** Frau. Und er ist auch nicht – wie es gelegentlich zu hören ist – eine Fehlentwicklung der Evolution oder »eine Krankheit« unseres Planeten, sondern ausdrücklicher Endpunkt und Wille des Schaffens Gottes.

Was meint Ebenbildlichkeit?

Im Altertum, als es weder Radio noch Zeitung und erst recht kein Fernsehen gab, ließen die Herrscher Münzen mit dem Bild ihres Gesichtes darauf prägen. Damit wurde den Untertanen vermittelt: »Der, dem ihr dient, sieht so aus. Überall dort, wo diese Münze gültig ist, bin ich Herrscher.« So wurden Münzen ein Kennzeichen des Herrschaftsbereichs des jeweiligen Königs oder Kaisers.

Wenn Gott den Menschen zu seinem Bild geschaffen hat, dann meint er damit, dass jeder Mensch ein Kennzeichen seines Herrschaftsbereiches sein soll. Wie das Bild auf einer Münze, so soll der Mensch das Bild Gottes und damit Gottes Herrschaftsanspruch zeigen. Am Menschen soll demnach deutlich werden, wie Gott ist. So wie ein Mann sein Mannsein und eine Frau ihr Frausein lebt, soll darin Gottes Wesen, seine Liebe, seine Freundlichkeit und seine Güte sichtbar werden.

Das bedeutet: Sowohl im Mannsein als auch im Frausein soll das Bild Gottes zum Tragen kommen. Dazu sind wir als Mann und Frau vor Gott gleichermaßen gerufen. Aber keiner allein ist schon das Ganze. Deswegen ist keiner berechtigt, sich über den anderen zu erheben.

Gott schuf nicht nur den Mann zu seinem Bilde und die Frau als Abbild des Mannes, nein: Mann und Frau sind miteinander Ebenbild Gottes. Die Ebenbildlichkeit und auch die Größe Gottes zeigt sich gerade in der Unterschiedlichkeit von Mann und Frau. Gott ist so groß und umfassend in seiner Art und in seinem Wesen, dass ein Geschlecht allein nicht genügte, um seine Vielfältigkeit sichtbar zu machen.

Gerade dort, wo Mann und Frau *miteinander leben*, soll das deutlich werden. Wenn Mann und Frau Versöhnung leben, Einheit gestalten, sich vergeben, einander tragen und in Achtung und Würde miteinander umgehen, dann kann darin das Bild der barmherzigen Liebe Gottes sichtbar werden. Wo Mann und Frau unter Gottes Herrschaft leben, da können andere Menschen in diesem Eheraum, etwas von Gottes Art erleben.

Aber auch dort, wo Mann und Frau *als Single leben*, soll sich die Ebenbildlichkeit Gottes entfalten. Mann oder Frau in der Gegenwart Gottes, geprägt von seiner Zuwendung, verändert von seiner Kraft, wird zum Bild für Gottes Wesen. Gelebte Ebenbildlichkeit Gottes bedeutet: Geschlechtlichkeit und Sexualität ist an sich schon wertvoll. Sie sind nicht nur zur Fortpflanzung gedacht, sondern sind Grundausdruck unserer Würde als Mann und Frau. Unsere Geschlechtlichkeit ist untrennbar mit unserem Sein und unserem Wesen verbunden. In unserer Leiblichkeit und allem, was an Gefühlen, Empfindungen und Sehnsüchten dazugehört, sind wir von Gott geschaffen und ins Gegenüber zu ihm gerufen.

 Die Chance der Unterschiedlichkeit

Die Unterschiedlichkeit von Mann und Frau war im Lauf der Geschichte und vor allem in den letzten Jahrzehnten immer wieder Thema. Noch in den 80er-Jahren des 20. Jahrhunderts hieß es, dass alle Unterschiede außer den körperlichen nur sozialisiert, also durch die Umwelt antrainiert seien. Die Schlussfolgerung lautete: Schafft die Unterschiede ab. Im Sozialismus wurde dies zulasten der Frauen durchgesetzt: So fanden sich Frauen zu gleichen Teilen in Männerberufen wieder, auch auf Baustellen und bei anderen Tätigkeiten, die harte körperliche Arbeit erforderten.

Der Ruf nach Rechts- und Chancengleichheit ist natürlich berechtigt, aber die Lebenswelten können nicht komplett aneinander angeglichen werden.

Die Unterschiede und damit auch das Recht auf unterschiedliche Gestaltungsformen des Lebens werden durch die wissenschaftlichen Forschungen der letzten 20 Jahre mehr und mehr untermauert.

Die Ergebnisse sind teilweise überraschend und ausgesprochen aufschlussreich: Mann und Frau sind in ihrer

Gehirnstruktur, im hormonellen und neurobiologischen Aufbau des Körpers so verschieden, dass davon das Verhalten und Reden, die Interessen und Motive, der Stil der Emotionalität, das Denken und Empfinden, ja das ganze Verständnis von Mann- und Frausein nachhaltig geprägt ist.

Die Gender-Perspektive macht aufs Neue den Versuch, diese Forschungsergebnisse zu ignorieren.

Doch gerade diese Unterschiedlichkeit macht ja das Leben spannend und herausfordernd und birgt interessante Chancen für unsere Lebensgestaltung in sich.

Natürlich müssen wir uns davor hüten, in ein Klischeedenken zu verfallen. Ganz falsch wäre die Schlussfolgerung, Verschiedenartigkeit bedeute Festlegung auf Rollen- und Verhaltensmuster. Denn es ist erwiesen, dass das »Weibliche« oder »Männliche« durchaus auch im jeweiligen Gegengeschlecht zu finden ist. Die Psychologen Carl Gustav und Emma Jung sprachen in diesem Zusammenhang von *Anima* und *Animus*[12].

Das Erkennen der Unterschiede macht vielmehr deutlich, dass bestimmte Grundanlagen, Begabungen und Orientierungen bei Mann und Frau verschieden stark ausgeprägt sind und sich darum jeweils schneller entfalten. Dies zeigt sich dann darin, dass uns aufgrund dieser »Vorgaben« bestimmte Verhaltensweisen je nach Geschlecht leichter oder schwerer fallen.

Und es gibt ja auch die Erfahrung, dass in einer Ehe oft Menschen zueinanderfinden, bei denen fast eine Umkehrung der jeweils typisch männlichen und weiblichen Züge zu finden ist: Männer mit hoher Emotionalität, Harmoniebedürftigkeit und der Fähigkeit zu verbindendem Denken – und Frauen, die stärker organisiert und strukturiert sind und das analytische Denken und mathematische Herausforderungen lieben.

In jeder Ehe werden Menschen voneinander geprägt. Dadurch lernen sie, auch den jeweils gegengeschlechtlichen Anteil in sich zu entdecken. Wenn sie dann noch den Mut finden, diesen zu entfalten, werden sie in ihrer persönlichen Entwicklung eine große Erweiterung und Bereicherung erleben.

Teil 2 – Die Unterschiede

 Der Körper

Das Gehirn

Hormone beeinflussen schon im Mutterleib das Gehirn des männlichen und weiblichen Fötus in so unterschiedlicher Weise, dass sich dies im weiteren Leben auf Verhalten, Wahrnehmung und Interessenlage auswirkt.[13] Zusammengefasst könnte man sagen: Östrogene, die bei Frauen dominieren, bewirken eine Verdrahtung des Gehirns auf der Ebene der Empathie, Ästhetik und Kreativität. Das bei Männern stärker vorherrschende Testosteron richtet das Gehirn vorwiegend auf das Begreifen und den Aufbau von Systemen aus. Es bekommt dadurch eine stärker funktionale Steuerung in Richtung Leistung, Kontrolle und Struktur.[14]

Auch im Aufbau des Gehirns sind interessante Unterschiede festzustellen: Die linke Gehirnhälfte (u. a. Sitz der Sprache) entwickelt sich bei Mädchen schneller als bei Jungen. Schon im Alter von 6 Monaten weist das Gehirn von Mädchen im Bereich des Sprachzentrums stärkere Aktivität auf.[15] Darum lernen Mädchen das Sprechen in der Regel schneller. Störungen in der Sprachentwicklung kommen bei Jungen wesentlich häufiger vor als bei Mädchen. Die rechte Gehirnhälfte, Sitz der räumlichen Wahrnehmung, entwickelt sich dagegen bei Jungen schneller.

Unsere linke und die rechte Gehirnhälfte sind durch einen Verbindungsstrang, ein sogenanntes »corpus callosum« miteinander verbunden. Dieser Strang ist bei Frauen dicker, deswegen haben sie bis zu 30 Prozent mehr Verknüpfungen zwischen der rechten und linken Gehirnhälfte.[16] Darum können Frauen vieles gleichzeitig oder nebeneinanderher tun. Andererseits haben manche Frauen deshalb aber auch Probleme mit der Definition von »rechts« und »links«. So können sie zum Beispiel oft nicht genau sagen, welches ihre rechte oder linke Hand ist und es kann (mehr als bei Männern) vorkommen, dass sie bei Wegbeschreibungen rechts und links verwechseln.

Beim Sprechen und Zuhören sind bei Frauen immer beide Gehirnhälften aktiv, bei Männern fast nur die linke. Dies wird unter anderem auch dadurch deutlich, dass Frauen sich nach einem Sprachverlust durch Schädigungen der linken Hemisphäre schneller erholen können als Männer, weil bei ihnen die Sprachzentren in der rechten Hemisphäre die Funktion der geschädigten auf der linken Seite übernehmen können.[17]

Weiterhin ist zu beobachten, dass Frauen bei Gesprächen verschiedene Ebenen vermischen, also Sachaussagen und Beziehungsebene. So hören sie bei sachlich gemeinten Aussagen vorschnell eine Aufforderung, einen Vorwurf, eine Zurückweisung oder ein Problem.

Von den meisten Männern wird man öfters zu hören bekommen, dass sie nur eine Sache auf einmal machen können. Und das ist ja auch die Erfahrung, von der Frauen immer wieder berichten: »Wenn er Zeitung liest oder fernsieht, hört er nicht, was ich ihm sage.« Das Gehirn eines Mannes ist einfach darauf programmiert, eins nach dem anderen zu erledigen und nicht mehrere Sachen gleichzeitig. »In seinem Gehirn gibt es weniger

Verbindungsfasern zwischen der linken und der rechten Gehirnhälfte – abgesehen davon ist das männliche Gehirn stärker in Teilbereiche aufgeteilt als das weibliche. Wenn man einen lesenden Mann einem Gehirnscan unterzieht, wird man feststellen, dass er in diesem Moment so gut wie taub ist.«[18]

Die Sinneswahrnehmungen

Frauen sehen und hören anders als Männer.

Sie nehmen feinste Stimmungsschwankungen und Veränderungen im Verhalten anderer wahr. Dies bezeichnet man umgangssprachlich auch als *weibliche Intuition*. Die Gründe dafür liegen in den anderen biologischen Gegebenheiten der Frau. Durch Gehirnscans wurde nachgewiesen, dass das Gehirn einer Frau auch im Ruhezustand zu 90 Prozent aktiv ist, dass Frauen also ständig Informationen aus ihrer Umgebung empfangen und analysieren.[19]

Frauen haben ein intensiveres Sehvermögen. Farben werden intensiver wahrgenommen und können von Frauen genauer beschrieben werden. Auch das periphere (seitlich, am Rand des Gesichtsfelds) Sehvermögen beziehungsweise Augenwinkelsehen ist bei Frauen stärker als bei Männern. Sie haben ein größeres Gesichtsfeld. Darum können sie Bewegungen aus den Augenwinkeln besser verfolgen.

Männer dagegen sind sozusagen visuell programmiert. Bilder und Filme üben eine magische Anziehungskraft auf sie aus. Wenn dann auch noch schöne Frauen in ihrem Blickfeld auftauchen, können sie nicht *nicht* hinschauen. Solche Bilder werden wie in einem inneren Karteikasten abgespeichert, der sich oft auch unwillkürlich ins Bewusstsein drängt – wie Werbebilder (Pop-ups) auf dem PC, die sich im Internet von selbst öffnen.

Männer haben eher ein zielorientiertes Sehen – zu viele Details lenken sie ab. So geschieht es zum Beispiel im alltäglichen Miteinander häufig, dass Frauen einen gesuchten Gegenstand mitten in vielen Dingen mit einem Griff finden, während Männer hilflos vor der Fülle der Gegenstände stehen. Das größere periphere Gesichtsfeld ermöglicht einer Frau, einen Gesamtüberblick zu haben, während ein Mann mehr Suchbewegungen mit dem Kopf braucht, um etwas zu finden.

Statistiken von Autoversicherungen belegen, dass Frauen seltener von der Seite angefahren werden als Männer, dagegen haben sie mehr Probleme beim Einparken, weil das räumliche Sehen bei ihnen nicht so gut ausgebildet ist wie bei Männern.[20]

Beim nächtlichen Autofahren wiederum sind die Männer im Vorteil. Ihre Augen ermöglichen eine bessere Fernsicht über ein enges, eingeschränktes Sichtfeld. Gerade nachts ist dies besonders wichtig. Viele Frauen leiden unter Nachtblindheit. Zwar sehen sie auch im Dunkeln mehr Einzelheiten, aber nur auf eine kurze Distanz. Diese Art von Sehen ist beim Autofahren am wenigsten gefragt. Die Fähigkeit zum zielorientierten Sehen befähigt darum einen Mann wesentlich besser zu Nachtfahrten. Darum macht es auf jeden Fall Sinn, dem Mann nachts das Steuer zu überlassen, wenn Mann und Frau gemeinsam unterwegs sind.

Frauen können Geräusche wesentlich besser unterscheiden und einordnen. Sie können auch gleichzeitig mehreren Personen zuhören oder Fernsehsendungen verfolgen bzw. Musik hören und nebenher telefonieren.

Männer können dafür konzentrierter auf ein Geräusch hören und auch besser die Richtung erkennen, aus der es kommt.

Berührungsempfindlichkeit

Die Haut einer Frau ist zehnmal so berührungs- und druckempfindlich wie die eines Mannes. Sie ist dünner als die eines Mannes. Direkt unter der Hautoberfläche befindet sich bei der Frau eine zusätzliche Fettschicht, die im Winter Wärme spendet und den Frauen im Vergleich zu den Männern ein größeres Durchhaltevermögen verleiht.

Männer dagegen haben eine dickere Haut. Darum bekommen sie nicht so schnell Falten wie Frauen.

Zugleich wirkt sich diese unterschiedliche Beschaffenheit der Haut auch auf die Schmerzempfindlichkeit aus. Sie ist bei Frauen deutlich höher. Zudem erkranken Frauen häufiger an Krankheiten, die mit Schmerzsymptomen einhergehen, wie zum Beispiel Migräne, Spannungskopfschmerz, Reizdarmsyndrom oder Fibromyalgien.[21]

Frauen suchen mehr die Berührung mit anderen Menschen. Es ist wahrscheinlicher, dass in einem Gespräch zwischen zwei Frauen eine Berührung stattfindet als in Gesprächen zwischen zwei Männern.

Auch Säuglinge und Kleinkinder sind auf Berührungen angewiesen. Finden diese nicht statt, so sind diese Kinder häufig in der Entwicklung verzögert. Eine Frau braucht für die Erziehung, die Pflege und das Stillen genau diese Grundausstattung von Sensibilität – die Sehnsucht nach und Bereitschaft für Berührung.

Zusammenfassend kann man sagen, dass Frauen von den Sinnen her sensibler ausgestattet sind und darum die feinen Nuancen in der menschlichen Kommunikation deutlicher erspüren – in Tonfall, Körpersprache, Mimik und Lautäußerungen. Darum erfassen sie oft auch schneller die Gesamtbefindlichkeit eines Menschen und können darauf reagieren.

Räumliche Orientierung

Die Fähigkeit zur räumlichen Orientierung gestaltet sich bei Mann und Frau sehr verschieden. Ein Mann weiß in der Regel in einer fremden Stadt sofort über die Himmelsrichtungen Bescheid. Eine Frau muss sich das erst mühsam »erarbeiten« und findet sich dann vielleicht trotzdem nicht zurecht.

Landkarten lesen fällt Frauen fast immer schwer. Sie müssen diese oft erst in die Fahrt- oder Gehrichtung drehen, um den Weg auf einer Karte zu erkennen, während Männer kein Problem damit haben, eine Karte aus jeder beliebigen Richtung zu lesen.

Etwa 90 Prozent aller Frauen haben eine beschränkte räumliche Vorstellung.[22] Auch deshalb haben sie oft Orientierungsschwierigkeiten in fremden Städten.

Frauen merken sich den Weg anhand der Details, die sie unterwegs entdecken. Männer wissen um die Richtung, in die sie gehen oder fahren müssen, und finden so ihren Weg.

Deswegen sind Wegbeschreibungen, die wir bekommen, je nachdem, ob sie von einem Mann oder einer Frau stammen, sehr verschieden. Ein Mann sagt: »Fahren Sie 300 Meter in Richtung Norden und biegen Sie dann nach

Westen ab. Nach zwei Kilometern ...« Eine weibliche Weg-beschreibung lautet: »Nach einer Weile kommt ein großes rotes Haus, dort müssen Sie abbiegen, und nach der nächsten Ampel wieder links, bis der Weg sich gabelt ...«

Männer können einen drei- oder zweidimensionalen Gegenstand in ihrer Vorstellungskraft in alle Richtungen drehen und wissen, wie der Gegenstand dann aussieht. Frauen haben damit extreme Schwierigkeiten. Bei IQ-Tests schneiden Frauen in dieser Kategorie fast immer schlechter ab.

Andererseits erkennen Frauen zueinander passende Gegenstände wesentlich schneller als Männer. Die Wahrnehmung von Frauen richtet sich auf das Verbindende und nicht das Trennende.[23] Beim Puzzeln sind die Frauen deshalb meistens besser.

Der Ort der räumlichen Wahrnehmung im Gehirn ist bei Männern am stärksten ausgeprägt. In mindestens vier Bereichen der vorderen rechten Gehirnhälfte ist bei Männern das räumliche Vorstellungsvermögen angesiedelt, Frauen haben dafür keinen eigenen Bereich im Gehirn.

Die räumliche Vorstellungskraft hängt vom Testosteronspiegel ab. Dieser liegt bei Männern wesentlich höher als bei Frauen. Nehmen Frauen Testosteron zu sich oder erhöht sich der Testosteronspiegel während der Menstruation, dann verbessert sich – wie in vielerlei Test[24] bewiesen – auch die räumliche Wahrnehmung von Frauen.

Die ausgeprägte Fähigkeit der Männer zum räumlichen Sehen – begründet im höheren Testosteronspiegel – verleitet diese häufig zu recht sportlicher Fahrweise. Sie fahren oft sehr schnell und lieben Kurven, dabei können sie ihre Fähigkeiten in diesem Bereich einsetzen. Was

Frauen bereits als bedrohlich oder gefährlich einstufen, ist im Blick der Männer noch im Bereich des Normalen. Eine Frau kritisiert ihren Mann darum oft zu Unrecht – er ist aufgrund seines besseren räumlichen Sehens zu Einschätzungen fähig, die der Frau fehlen.

Männer bevorzugen oft Berufe, Sportarten oder Hobbys, in denen ihnen das räumliche Denken zugutekommt: Distanzen einschätzen, Geschwindigkeiten bemessen, Perspektiven entdecken.

Sicher ist diese Fähigkeit ein Grund, warum Männer sich so gerne mit dem Fußballsport (aktiv oder passiv) beschäftigen, gerne Auto fahren, Schach spielen o. Ä. und warum wir so wenig Frauen in Berufen finden, bei denen diese Vorlieben gefordert sind. Es gibt prozentual gesehen wenig Mechanikerinnen, Ingenieurinnen und Pilotinnen.

Untersuchungen unter Kindergartenkinder haben ergeben, dass schon bei Jungen im Alter von vier Jahren diese Vorliebe für die räumliche Orientierung in ihren Spielen sichtbar wird. Sie benötigen und beanspruchen deutlich mehr Raum und Fläche als Mädchen und spielen dabei auch gerne in großen Gruppen und im Freien zusammen, wo es weniger Begrenzungen und Einschränkungen gibt. Mädchen dagegen spielen lieber im Haus und treffen sich am liebsten zu zweit oder zu dritt.[25]

Auch im Herangehen an Aufgaben oder Konfliktlösungen bevorzugen Männer »Raumlösungen«, das heißt: sie verändern oder erweitern den Raum, während Frauen versuchen, den verfügbaren Raum optimal zu nutzen.

Wenn Frauen miteinander im Freien sitzen und die Sonne wandert, werden Frauen, wenn sie den Schatten suchen, sich zuerst selbst umsetzen, wäh-

34

rend Männer als Erstes den ganzen Tisch oder den Sonnenschirm verschieben.

Erregungsbereitschaft

Jungen haben schon als Säuglinge die Tendenz, rascher und länger zu schreien als Mädchen, sie sind reizbarer und schlechter zu beruhigen und geraten schneller in einen Zustand der Übererregtheit oder Überdrehtheit. Auf diese Weise fordern sie mehr Aufmerksamkeit. Mädchen dagegen verhalten sich »belohnender«, sie schlafen mehr, lassen sich leichter beruhigen und lächeln mehr.[26]

Auch die Bereitschaft zur Aggression ist bei kleinen Jungen wesentlich höher als bei kleinen Mädchen. Schon im Alter von vier Jahren zeigen sie bei ihren Rollenspielen und bei sportlichen Aktivitäten doppelt so häufig Aggressionen wie Mädchen.[27] Spielerisches Raufen findet man auf der ganzen Welt, durch alle Kulturen hindurch, fast ausschließlich bei Jungen.

Männer und Jungen suchen häufiger die Gefahren, den Wettkampf, die Herausforderung und das Risiko. Die Ursache dafür ist aber keine negative Grundeinstellung zu anderen Menschen, sondern die Freude und Begeisterung am körperlichen Einsatz. Jungen entwickeln auch in Wettkämpfen und aggressionsbeladenen Spielen oft eine große Begeisterung.[28]

Bei Erwachsenen zeigt sich die männliche Bereitschaft zum körperlichen Einsatz und die Tendenz zu mehr Aggressivität auch darin, dass fast 90 Prozent der Gewaltkriminalität auf das Konto von Männern geht, der Anteil der weiblichen Strafgefangenen liegt dagegen insgesamt bei

»nur« 15,6 Prozent. Es wird jedoch zurzeit die Tendenz beobachtet, dass die Kriminalität und die Gewaltbereitschaft bei Mädchen im Pubertätsalter zunimmt. Ein Grund liegt sicher im veränderten Rollenverständnis von Mann und Frau. Die prägende Macht der Medien ist dabei auch nicht zu unterschätzen.

In der alltäglichen Beobachtung kann man feststellen, dass körperliche Gewalt von Männern gegenüber Frauen häufiger vorkommt als umgekehrt.

Das heißt nicht, dass Frauen keine Gewalt ausüben, doch sie zeigen diese eher im verbalen und im emotionalen Bereich. Dadurch provozieren sie die Männer wiederum auch zu körperlicher Gewalt.

Deutlich wird dies schon in den Kindergärten. Jungen tragen Auseinandersetzungen auf der körperlichen Ebene miteinander aus, Mädchen im verbalen Streit und der zumindest kurzzeitigen Beendigung einer Beziehung.

Für Männer ist Aggression ein Mittel zur Durchsetzung von Zielen: »Ich habe deutlich gemacht, worum es geht und was ich will, und habe dieses Ziel erreicht, damit bin ich zufrieden.« Damit haben sie eine Strategie an der Hand, mit der sie Dominanz zeigen und Konfliktlösung durchsetzen können.[29] Für Frauen bedeutet aggressives Verhalten eher einen Kontrollverlust: »Ich habe die Kontrolle über mein Verhalten verloren und mich zu Gefühlen und Äußerungen hinreißen lassen, derer ich mich hinterher schäme.« Darum sind nach aggressiven Ausbrüchen die Schuldgefühle bei Frauen ausgeprägter als bei Männern.

Mädchen und Frauen neigen auch eher zur sogenannten »Selbstregulation«[30], das bedeutet: Sie nehmen schneller als Jungen die an sie gerichteten Erwartungen wahr und richten sich danach. So ist auch die Bereitschaft zum Gehorsam bei Mädchen im Kleinkind- und Vorschulalter stärker ausgeprägt als bei Jungen.

Diese Fähigkeit zur besseren »Selbstregulation« hat ihre Ursache darin, dass Mädchen nach der Geburt neuronal reifer sind als Jungen. Deswegen sind sie in den ersten Lebenswochen in der Regel deutlich leichter zu versorgen: Sie schreien weniger und geben den Müttern mehr positive Rückmeldungen, sie sind emotional stabiler und haben mehr Interesse an Kontaktaufnahme. Dadurch wirken Mädchen angepasster und sozial reifer.[31] Dies wiederum wirkt sich auf das Verhalten der Erwachsenen aus, sodass diese auf Jungen und Mädchen ganz unterschiedlich reagieren, manches Verhalten auf diese Weise noch verstärken.

Doch genau darin besteht auch das Problem: Es ist angenehmer und oft auch einfacher, mit Mädchen umzugehen. Allzu schnell stehen wir in der Gefahr, Jungen »weiblicher« machen zu wollen und ihre Aggressionsbereitschaft als *unnormal* einzustufen. Gerade in Kindergärten und Schulen besteht die Tendenz, dass die fast ausschließlich weiblichen Erzieherinnen von den Jungen erwarten, dass sie sich wie Mädchen benehmen: weniger aggressiv, ordentlicher, freundlicher und zurückhaltender.

Doch den Eigenheiten von Jungs muss Beachtung geschenkt werden. Jungen müssen ihre Körperlichkeit und Aggression einbringen können.

Gerade im Bereich der Selbstorganisation brauchen sie mehr Unterstützung. Ihre Frustrationstoleranz muss trainiert werden, sie brauchen klare Regeln und Ermutigung. Und es muss darauf geachtet werden, dass sie ihre Aggression positiv gestalten können und ausleben dürfen: in Wettkampf, Spielen und Raufereien.

Belastungsfähigkeit

Eine Frau ist grundsätzlich besser für Langzeitbelastungen gerüstet wie zum Beispiel Schwangerschaft und Geburt. »Alles deutet darauf hin, dass die Frau sogar gewisse Hemm-Mechanismen gegen Höchstleistungen eingebaut hat … Vergleicht man die Belastungsfähigkeit von Mann und Frau, so werden ganz verschiedene Zielrichtungen und Grundbestimmungen sichtbar … beim männlichen Wesen (nicht nur beim Menschen) das Kampf- und Revierabgrenzungsverhalten … beim weiblichen Wesen immer die Schonung des Körpers im Hinblick auf Schwangerschaft. Der Mann ist darauf programmiert, sich rasch körperlich durchzusetzen, die Frau ist mit allem ausgestattet, um Langzeitbelastungen wie Schwangerschaft und Stillen zu überstehen und Krisensituationen besser zu bewältigen. Weibliches zeigt sich auch auf dem hormonellen Niveau als stabiler, krisenfester, durchhaltefähiger, für langfristige Leistung geschaffen. Männliches hingegen ist effizienter, stärker, rascher durchsetzungsfähig, aggressiver und für kurzfristige Höchstleistungen programmiert.«[32] Auch die durchschnittlich längere Lebenserwartung der Frau ist ein Ausdruck dieser höheren Belastungsfähigkeit.

Sexualität

Auch im sexuellen Bereich wird der Unterschied zwischen Programmierung auf Höchstleistung und Langzeitorientierung deutlich. Frauen erleben sexuelle Erregung langsamer, stetiger ansteigend und länger anhaltend als der Mann, der Mann hat einen schnelleren Anstieg und Abfall im sexuellen Erlebnis.

Eine Frau braucht, um sich hinzugeben, Vertrauen, Sicherheit und Verlässlichkeit. Bei Streit und Spannungen ist es vielen Frauen nur schwer möglich, sich fallen zu lassen, erregt zu werden und zu einem Höhepunkt zu kommen.

Für die meisten Männer sind dies keine zwingenden Voraussetzungen. »Der Mann, körperlich eher auf kurzfristige Hochleistung programmiert, ist auch in der Liebe ein Sprinter. Er kommt schnell ›auf Touren‹, steuert sicher auf sein Ziel zu und danach weicht die Lust praktisch übergangslos dem entspannten Normalzustand. Sekunden danach kann er fühlen: so, das war's.«[33]

Im erotischen Bereich ist der Körper der Frau das Zentrum des sexuellen Geschehens. Weil der Mann seinen Körper in der sexuellen Begegnung jedoch als nicht gefährdet sieht, ist er für ihn auch nicht schützenswert.[34] Darum gehen Männer mit ihrer Sexualität auch anders um als Frauen. Bei den Frauen ereignet sich bei jedem sexuellen Kontakt etwas in ihnen. Beim Mann geschieht dies alles außerhalb seiner selbst. Darum bedeutet die Preisgabe seiner Intimregion für den Mann wesentlich weniger als für die Frau.[35]

Die Frau erlebt die Sexualität komplexer, ihre erogenen Zonen sind überall am Körper verteilt, sie ist auf ganzheitliche Berührung und gleichzeitige Wertschätzung ausgelegt.

Der Mann erlebt sich in der Sexualität als Wirkung auf die Frau.[36] Die Andersartigkeit des Körpers der Frau, seine Weichheit und Komplexität macht den Körper der Frau für den Mann interessant.

In der sexuellen Begegnung möchte der Mann stark sein, etwas leisten, doch er erlebt sich gefühlsmäßig eher als Nehmender und Empfangender. Die Frau gibt ihm ihren Körper und er empfängt von ihr das Lustgefühl bis zum Höhepunkt. Dieses Gefühl des Ausgeliefertseins, die Angst des Kontrollverlustes über die Gefühle kann einen Mann verunsichern.[37]

Dass er über seine Potenz nicht uneingeschränkt verfügt, kann einen Mann tief frustrieren. Eine Frau ist immer fähig, sich zu vereinigen, doch der Mann kann trotz Liebe oder Begehren dazu unfähig sein.

Andererseits kann es aber auch sein, dass der Mann sich seines übermäßigen sexuellen Verlangens schämt. Das Gefühl, seinen sexuellen Begierden oder Unfähigkeiten ausgeliefert zu sein, kann eine tiefe Verunsicherung bedeuten. Dies wiederum treibt einen Mann oftmals dazu, sich auf allen möglichen anderen Gebieten beweisen zu müssen. (Mehr dazu auf S. 116)

 Wahrnehmung der Welt

Innenwelt – Außenwelt

In den 1940er-Jahren erforschte Erik H. Erikson[38] das Spielverhalten von Kindern. Er gab Jungen und Mädchen Bauklötze und ermutigte sie, daraus etwas zu bauen. Dabei entstanden durchweg sehr unterschiedliche Raumkonstruktionen. Die Jungen bauten Außenkonstruktionen: hohe Türme und Brücken, mit Menschen oben darauf. Die Mädchen dagegen bauten Innenräume: Burgen oder Höfe, in denen Menschen geschützt waren und sich begegnen konnten.

Männlichkeit spiegelt sich nach Erikson in der Außendarstellung und dem Willen, die Welt zu erobern und zu beherrschen, während Weiblichkeit sich eher durch das Ruhende und Empfangende und zugleich zu sich Einladende definiert.

Interessant ist die Beobachtung, dass diese Orientierung auch in den Geschlechtsorganen sichtbar wird. Die Gebärmutter ist der Raum des Empfangens und Bergens, in ihr wird heranwachsendes Leben geschützt und kann sich entfalten.

Der männliche Penis dagegen ist nach außen gerichtet und symbolisiert Kraft und Durchsetzungsvermögen, Macht und Gestaltungswillen.

Die stärkere Außenorientierung der Männer wird in vielerlei Bereichen des Lebens sichtbar.

Es zeigt sich schon im Kleinkindalter darin, dass Jungen – wie oben bereits ausführlicher beschrieben – raumgreifender spielen, also mehr Platz für ihre Spiele benötigen.

Auch im alltäglichen Leben wird Männern mehr Raum zugestanden. Im Aufzug stellen sich Menschen, die den Fahrstuhl neu betreten, prinzipiell näher an Frauen. Wenn in einem Café alle Tische besetzt sind, gesellen sich neue Gäste häufiger an Tische, wo bereits Frauen sitzen.

Wenn Männer gestikulieren, benötigen sie auch dafür mehr Raum als Frauen.

Die Außenorientierung der Jungen spiegelt sich u. a. darin, dass sie gerne fremdes Terrain erkunden und sich auf gefährliche Unternehmungen einlassen. Sie lieben den Reiz des Neuen, die emotionale Erregung durch Unbekanntes. Dies ist ein Verhaltensmuster, das Männer auch im Erwachsenenalter zeigen: Expeditionen in fremde Territorien, Überlebenstraining in Outdoorcamps oder die Erforschung fremder Welten ist hauptsächlich Männerdomäne. Auch im Umgang mit Kindern vermitteln sie stärker die Außenwelt, stehen für Erkundung von Unbekanntem und Neuem.

Anders dagegen Mädchen: Sie entfernen sich nicht so weit von den Orten, die ihnen Geborgenheit vermitteln, bleiben näher bei vertrauten Personen. Sie lieben die kleinen Gruppen und spielen gerne mittig, versammeln sich also miteinander um eine Mitte. Sie gestalten den Spielraum von innen heraus, mit Tüchern, Kissen und Blumen. Häufig gibt es auch einen Zugang zum Raum des Spieles, der gut bewacht wird und in den nicht jeder eintreten darf.

So verwundert es auch nicht, dass auch erwachsene Frauen oft großen Wert auf die Ausgestaltung der Innenräume einer Wohnung oder eines Hauses legen. Dekoration, Pflege und ästhetische Ausstrahlung von Räumen sind für Frauen oft viel wichtiger als für Männer.

Personen oder Sachen

Diese Orientierung an Innen- und Außenwelt spiegelt sich auch darin, dass Frauen sich mehr für Personen, und Männer mehr für Dinge interessieren. Jungen sind fasziniert von technischen Geräten, von Tasten und Hebeln, PC-Tastaturen, Steckdosen, Autos und Werkzeugen, aber auch von Gewehren und schwertähnlichen Gegenständen. Dazu lieben sie es, Geräusche beim Spielen zu produzieren, die zu diesen Spielsachen passen: Motorenbrummen, Sirenenheulen, Schüsse oder Reifenquietschen.

Mädchen interessieren sich dagegen eher für Puppen und Tiere, Gesichter, Bilder und Stoffe. Sie schmücken sich mit Ketten und Bändern, ziehen sich Mamas Schuhe an, verkleiden sich gerne und bewundern sich vor dem Spiegel in unterschiedlichen Posen.

Dieser Unterschied ist laut Simon Baron-Cohen bei Neugeborenen bereits am ersten Lebenstag feststellbar.[39]

Bei Frauen haben Personen Vorrang vor der Sache. Frauen arbeiten auch lieber für Personen statt für Sachen – auch in der Sache suchen sie immer den Sinn für das Persönliche oder auch das Vertrauliche.[40]

Neulich sagte ein Mann zu mir: »Wenn Frauen in Gremien mitarbeiten, verändern Männer ihr Verhalten.« Frauen bringen neue Blickrichtungen und Aspekte ein. Männer entscheiden häufig so, dass etwas logisch und konsequent erscheint. Frauen dagegen fragen meistens auch: Was bedeutet dieser Beschluss für die davon betroffenen Personen? Welche Konsequenzen und Auswirkungen wird das für die Menschen nach sich ziehen?

Paul Tournier stellt fest, dass Frauen Menschen über Ziele stellen, sie sehen die Welt für den Menschen und nicht den Menschen für die Welt. Männer machen es oft umgekehrt: Sie stellen häufig die Ziele über den Menschen, und nehmen dafür auch Krieg oder Tod in Kauf.[41]

Alles Lebendige übt auf Frauen eine Faszination aus. Sie sind in der Regel mit dem Leben und Lebendigen intensiv verbunden. So sind es in der Regel die Frauen, die Räume gerne mit Pflanzen oder Blumen ausschmücken und einem Raum mit ihrer Kreativität einen persönlichen Charakter verleihen.

In der Vorbereitung von Sitzungen oder Veranstaltungen ist mir dieser Unterschied schon oft aufgefallen. Frauen verwenden viel Zeit und Kraft dafür auf, wie die Dekoration passend zum Thema einer Veranstaltung zu gestalten wäre. Männer empfinden solche Überlegungen häufig als langweilig oder halten sie sogar für Zeitverschwendung, freuen sich dann aber hinterher oft auch über die schöne Dekoration.

Frauen sind mit dem Leben intensiv verbunden – und damit auch mit dem Sterben und dem Tod. Sie konfrontieren sich direkter mit den Schattenseiten des Lebens. Das hat mit der Menstruation der Frau zu tun. Diese prägt in einer grundsätzlichen Art und Weise ihren Umgang mit dem Leben. In den frühen Teenagerjahren setzt bei jedem Mädchen zum ersten Mal die Menstruation ein. Dagegen kann sie nichts machen, Monat für Monat muss sie sich dieser Situation stellen. Schmerzen, Blutungen, vielleicht Kraftlosigkeit oder Gereiztheit gehören von da an zu ihrem Leben dazu. Frauen machen die Erfahrung: Ich kann nichts dagegen tun, also stelle ich mich dieser Situation. Diese Erfahrung prägt somit die Grundeinstellung zum Leben. Sie wissen genau: »Probleme kann ich letztlich nicht ausweichen. Es hat keinen Sinn, sie zu verdrängen oder zur Seite zu schieben, sondern ich muss mich damit konfrontieren.« Deswegen haben Frauen grundsätzlicher weniger Angst vor den sich anbahnenden Konflikten, vor Prozessen von Geborenwerden und Sterben, weniger Angst vor Berührung, Hautkontakt und auch vor Schmutz.

Das Gebären und Stillen, die Fürsorge für kleine Kinder und für alte Menschen gehört bei einem Großteil der Frauen zu deren Lebenswirklichkeit dazu. Auch deshalb findet man in allen pflegenden Berufen einen wesentlich höheren Anteil an Frauen als an Männern.

Frauen sind deutlicher fokussiert auf den Beziehungsbereich, Männer auf den sachlichen Bereich. Frauen sind mehr von den Eindrücken her bestimmt, die mit den elementaren Lebensbezügen zu tun haben. Männer sind mehr an Projekten, Strategien und Systemen interessiert.

Anneliese Fuchs, österreichische Psychologin und Gründerin des Institutes für Präventivpsychologie, weist auf die unterschiedliche Erlebnis- und Empfindungswelt von Mann und Frau hin: Männer sind eher von der Kraft, etwas durchsetzen zu wollen, geprägt. Sie haben einen stärkeren Realitätsbezug und den Wunsch, ihre Umwelt zu gestalten und zu bewältigen. Kampf, Eroberungsverhalten sowie Streben nach persönlicher Durchsetzung sind eher dem männlichen Verhalten zuzuordnen.

Frauen sind dagegen mehr auf innerseelische Prozesse ausgerichtet. Ihre Aktionsbereitschaft besteht mehr im Beziehungsbereich. Das emotionale und seelische Erleben steht bei ihnen stärker im Vordergrund. Persönliche Beziehungen sind ihnen wichtiger als reale Erfolge.[42]

Komplexität oder Vereinfachung

Der Mann ist ein »erfolgsorientierter Vereinfacher« – so Gertrud Höhler.[43] Er ist auf ein Ziel hin fixiert und hat dadurch an manchen Stellen eine verengte Wahrnehmung, einen Tunnelblick. *Tunnelblick* darf nicht negativ verstanden werden, sondern meint: Vom Ziel her wird der Weg klar. Alles Störende darum herum wird ausgeblendet und macht die Orientierung einfacher.

Die Frau dagegen hat eine komplexere Wahrnehmung, einen Panoramablick. Sie sieht die Details, die Vielfalt und braucht deswegen zur Sortierung manchmal länger. Sie hält sich darum oft auch an den Stolpersteinen unterwegs länger auf. Sie verliert das Ziel aufgrund der Störquellen oder der schönen Unterbrechungen manchmal aus den Augen.

Männer gelangen deshalb oft schneller zum Ziel, während Frauen noch mit sogenannten »Störfaktoren« beschäftigt sind.

Doch beides ist wichtig. Die Zielorientierung, aber auch die Beachtung der Störquellen auf dem Weg.

Die Mehrgleisigkeit der Frau und die Zielorientierung des Mannes führen auch immer wieder zu Missverständnissen in der Haushaltsorganisation. Frauen stellen sich Dinge in den Weg: Mülleimer, Wäschekörbe oder Post. Der Hintergedanke der Frau: Wenn ich nach oben oder unten gehe, nehme ich diese Dinge mit und habe mir einen Weg gespart.

Männer aber haben nur das Ziel im Auge. Deswegen »übersehen« sie diese Dinge auf dem Weg oder sie stolpern darüber und ärgern sich dann. Warum ist das so? Ein Mann ist auf das Ziel ausgerichtet und sieht deswegen das Drumherum nicht. Dies ist keine Bösartigkeit oder Mutwilligkeit, sondern die andere männliche Wahrnehmung, das innere Ausgerichtetsein auf eine einzige Sache, auf das Ziel.

Zu viele Möglichkeiten auf einmal stellen für den Mann ein Problem dar. Für ihn wird dadurch eine Entscheidung schwieriger und braucht zu viel Zeit. Darum vereinfacht er und konzentriert er sich auf eine Sache.

Frauen nehmen die Welt komplexer wahr. Sie können sich mit vielen Dingen gleichzeitig und nebeneinanderher beschäftigen, während ein Mann möglichst immer nur *eine* Sache nach der anderen machen möchte. Die Fähigkeit zur Synthese[44], also zur Zusammenschau, befähigt Frauen dazu, besser improvisieren zu können.

Machen Sie einmal folgendes Experiment:
Sprechen Sie einen Mann an, der gerade mit irgendetwas beschäftigt ist – egal, ob er die Straße kehrt, im Garten arbeitet oder am PC sitzt, ob er schreibt oder liest. Wenn Sie ihn ansprechen, wird er entwe-

der seine Tätigkeit unterbrechen und sich Ihnen ganz zuwenden oder er wird sich gestört fühlen und Ihnen nicht zuhören wollen. Er kann am besten immer nur eine Sache machen.

Machen Sie das gleiche Experiment bei einer Frau – so wird sie vermutlich ihre Tätigkeit fortsetzen und sich nebenher mit Ihnen unterhalten. Es macht ihr nichts aus, sie kann sich auf beides mehr oder weniger gut konzentrieren.

Frauen sind mehrgleisig angelegt, komplexer. Das macht es für einen Mann manchmal so schwierig, seiner Frau zu folgen, weil diese sich mit mehreren Dingen gleichzeitig beschäftigt und zusätzlich über ein weiteres Thema reden kann.

Die Mehrgleisigkeit einer Frau birgt aber auch eine Gefahr in sich: Es kann passieren, dass sie den Überblick verliert, weil sie mit zu vielen Dingen gleichzeitig beschäftigt ist und weil sie von den vielen Details auf dem Weg aufgehalten wird. Sie startet mit einer Aufgabe und verliert sich dann im Lauf des Tages in vielerlei verschiedenen Aktivitäten, die ihr alle »unterwegs« begegnen.

Wenn ein Mann etwas tut, dann konzentriert er sich ganz auf diese Tätigkeit.

Eine Frau erzählte mir neulich: »Wenn es bei uns Schnitzel gibt, wünschen sich unsere Kinder immer, dass mein Mann diese zubereitet. Denn wenn ich die Schnitzel brate, dann mache ich nebenher noch ganz viele andere Dinge: Blumen gießen, Müll wegbringen, Wäsche aufhängen – und so kommt es immer wieder vor, dass die Schnitzel nachher angebrannt sind. Wenn mein Mann die Schnitzel brät, dann macht er nur dies eine und dann sind die nachher auch richtig gut.«

Dieser unterschiedliche Stil fällt mir immer wieder in Gesprächsrunden oder Gremien auf.

In Sitzungen, in denen Männer und Frauen zusammen sind, möglicherweise noch ein Mann die Sitzungsleitung hat, wird in der Regel streng nach Tagesordnungspunkten vorgegangen, eins nach dem anderen wird besprochen und abgehakt – zielorientiert.

Sind »nur« Frauen zusammen, geschieht es häufig, dass alle Themen parallel und nebeneinanderher besprochen werden. Frauen springen oft gedanklich zwischen den anstehenden Themen hin und her, verknüpfen alles miteinander und haben eine Gesamtschau, einen Panoramablick. Auch sie kommen letztendlich zum Ziel. Manchmal beachten sie dabei sogar noch Details, die sonst möglicherweise untergegangen wären.

Frauen haben oft ein Problem in der Auswahl ihrer Kleidung. Sie stehen vor einem vollen Kleiderschrank und »haben nichts zum Anziehen«. Das Dilemma der Frau besteht darin, dass sie zu viele Aspekte in die Entscheidung mit einbezieht und sich darum nicht mehr entscheiden kann – etwas, das ein Mann nicht verstehen kann. Ihm geht es nicht um das Drumherum (wie wirkt die Kleidung auf wen und in welcher Situation und was hatte ich letztes Mal an), sondern um das Ziel: Ich brauche etwas zum Anziehen.

Männer können Details schneller vernachlässigen, das führt zu schnelleren Lösungen und kann im Extremfall lebenswichtig sein. Ebenso wichtig kann es aber auch sein, bereits im Vorfeld die unterschiedlichen Möglichkeiten abzuwägen und die Gefahrenquellen wahrzunehmen, um so spätere Energieverluste zu vermeiden.

Wenn ein Problem eintritt, erweisen sich die Frauen oft als die Improvisationsstärkeren, weil sie die Details, die Stolpersteine auf dem Weg und die sich daraus ergebenden Probleme bereits im Vorfeld wahrgenommen haben.

Gerade diese Unterschiedlichkeit ist auf Ergänzung hin angelegt und fordert geradezu dazu auf, immer wieder das Gespräch miteinander zu suchen und voneinander zu lernen und zu profitieren.

Sie macht etwas deutlich von dem Schöpfungsgeheimnis Gottes, indem er zwei sich einander ergänzende Wesen schuf.

Körper als Teil meiner selbst oder der Körper als Werkzeug

Mit ihrem Körper gehen Frauen und Männer sehr unterschiedlich um. Für den Mann ist der Körper etwas Funktionales, er benützt ihn wie ein Werkzeug. Eine Frau dagegen *ist* Körper. Ihr Körper gehört ganzheitlich zu ihr dazu, er ist Ausdruck ihrer Persönlichkeit.

Was ist der Grund dafür? Die Frau ist von ihren Körperempfindungen und von den Geschlechtsmerkmalen her mehr nach innen gerichtet, der Mann dagegen nach außen. Frauen horchen nach innen. Ihr ganzes Wesen ist von innen her ausgerichtet. Im Körper einer Frau können Kinder heranwachsen. Der Zyklus, der die Frau bis in ihr Verhalten und ihre Gefühle, in ihre Leistungsfähigkeit und ihr Wohlbefinden hinein prägt, entsteht in ihr. Für die Frau ist der Körper schützenswert. Der Zeugungsakt und Geschlechtsverkehr findet in der Frau statt. So ist das sexuelle Miteinander für Frauen etwas ganz Intimes, in ihnen Stattfindendes und darum etwas ganz eng zu ihrer Person Dazugehörendes.

Für Männer dagegen findet der Geschlechtsakt außerhalb ihrer selbst statt. Darum empfindet der Mann auch einen Seitensprung nicht unbedingt als so dramatisch oder verletzend wie eine Frau.

Dies ist keine Rechtfertigung eines solchen Verhaltens, soll aber verdeutlichen, warum ein Mann dies anders bewertet oder beurteilt.

Der Körper ist für den Mann wie ein Instrument, das er benutzt, einsetzt und mit dem er etwas durchsetzt. Frauen neigen dazu, vorsichtiger und umsichtiger mit ihrem Körper umzugehen, während Männer am liebsten körperliche Probleme einfach nur reparieren wollen. Daher kommt es auch, dass unsere Medizin viele Jahre vor allem in der *Reparatur* bestand und weniger in der Vorsorge.

Körperliche Signale wie Schmerzen oder Gebrechen werden von Männern oft so lange übersehen, bis sie absolut nicht mehr zu leugnen sind.

Deshalb verwundert es auch nicht so sehr, dass Männer einen Arztbesuch meistens sehr lange hinauszögern. Gesundheit ist für Männer zweitrangig. Nur ein Viertel der Männer nutzt die regelmäßigen Vorsorgeuntersuchungen. Bei den Frauen sind es immerhin die Hälfte. Arztbesuche sind etwas Unangenehmes. Dort werden Männer Dinge gefragt, die sie vielleicht nicht beantworten können, weil sie das dazugehörige Körpergefühl nicht kennen.

Drückt, zieht, sticht oder brennt es? Wo sitzt der Schmerz? Frauen können die Art des Schmerzes, die Körperschicht und die Stelle oft ganz genau benennen, weil sie mehr Nervenstränge haben. Männer wissen oft nur: Es tut weh.

Lieber gehen Männer darum krank zur Arbeit, als sich mit der eigenen Gesundheit und dem eigenen Körper und seinen Problemen auseinanderzusetzen.

Gefühle offen oder eingesperrt

Dass Frauen meistens offener mit Gefühlen umgehen als Männer, ist nichts Neues. Aber inzwischen hat man auch durch wissenschaftliche Tests eine Erklärung dafür, warum das so ist. Versetzt man Männer oder Frauen in

Situationen, die emotional aufwühlen, und macht dann bei den betreffenden Personen einen Gehirnscan, so kann man feststellen, dass bei Männern nur zwei Regionen im Gehirn aktiv sind, während sich bei Frauen die Aktivität über das ganze Gehirn verteilt.[45]

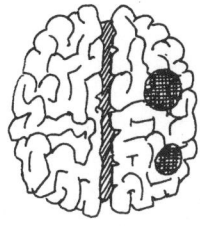

GEFÜHLSWAHRNEHMUNG
BEI MÄNNERN

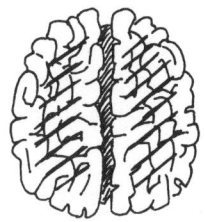

GEFÜHLSWAHRNEHMUNG
BEI FRAUEN

Dieser biologische Unterschied hat interessante Folgen: Männer können Gefühlswahrnehmungen getrennt von anderen Gehirnfunktionen verarbeiten. Gefühle müssen nicht gleichzeitig mit anderen Gehirnfunktionen in Aktion treten. Was wir aus Alltagserfahrungen längst wissen, ist nun auch wissenschaftlich nachgewiesen: Männer können ihre Gefühle »einsperren«, sie haben sie besser unter Kontrolle, während Frauen ihre Gefühle oft nicht verbergen können. Sie werden manchmal richtiggehend davon überrollt.

Sobald ein bestimmtes Thema zur Sprache kommt, das bei einer Frau positive oder negative Emotionen weckt, muss sie diese äußern. Das ist ein Grund, warum Männer in Diskussionen oder Gesprächen Frauen oft Unsachlichkeit vorwerfen. Männern gelingt die Trennung zwischen Sache und Emotion wesentlich besser.

Aber Frauen messen den Botschaften von Gefühlen auch im guten Sinn mehr Bedeutung zu. Sie wissen aus Erfahrung, dass es wichtig sein kann, auf Gefühle zu hören.

Männer dagegen wollen sich nicht zu stark von Emotionen beherrschen oder leiten lassen. Negative oder positive Emotionen können schwach machen, darum schützen sie ihre Gefühle wie eine Tabuzone. »Jungen weinen nicht!«, war lange Zeit ein Leitsatz in der Erziehung.

Dietrich Schwanitz beschreibt es wie folgt: »Ein Mann liebt klare Verhältnisse. Die verschwommenen Konturen der Innenzustände irritieren ihn. Sie sind zu flüssig und unfest. Gegen sie muss er einen Damm errichten. Der Damm begrenzt fortan seine Welt. Der Mann vergisst, dass es dahinter noch eine Innenwelt gibt. Würde er sich einen Blick auf sie leisten, bestünde die Gefahr, dass der Damm bricht und die Gefühle ihn überfluten … So gewöhnt er sich daran, sein Inneres zu ignorieren.«[46]

Frauen haben kein Streitverhältnis zu ihren Gefühlen. Sie misstrauen ihnen nicht. Frauen nehmen auch die Gefühle anderer spontan wahr und verblüffen oder verwirren damit oft die Männer. Männer erleben Frauen deshalb oft als Spezialisten fürs Unberechenbare oder nicht Planbare.[47]

Probleme beherrschen, statt von ihnen beherrscht zu werden, ist die männliche Variante, Probleme verstehen, um sie lösen zu können, ist die weibliche Variante.[48]

Die Präsenz der Gefühle bei Frauen hat jedoch nicht nur positive Seiten. Denn Frauen haben auch ein emotionales Gedächtnis. Oder anders gesagt: So wie Männer visuell programmiert sind, sind Frauen emotional programmiert. Gefühle sind wie »Pop-ups« – Fenster, die sich ungewollt öffnen, wenn wir im Internet unterwegs sind. Geraten Frauen in eine Situation, die negative Gefühle hervorruft, öffnet sich das »Fenster« der emotionalen Erinnerung an eine ähnliche Situation aus der Vergangenheit. Gefühlsbeladene Ereignisse aus der Vergangenheit verbinden sich mit gegenwärtigen Erfahrungen und lassen ein Gesamtbild eines Problems entstehen, das zu Verallgemeinerungen, Dramatisierungen und Übertreibungen führt: »Noch nie hast du mir geholfen …« – »Immer denkst du nur von dir her.« Oder: »Schon wieder hast du …« Ein Mann nimmt solche Aussage eher wörtlich, hört die Sachaussage und fühlt sich durch diese Generalisierungen in Grund und Boden verdammt. Er kann sich die Vorwürfe nicht erklären oder herleiten, während eine Frau sich nicht gegen die hochkommenden Gefühle wehren kann.

Dieser Hang zum Verallgemeinern hat bei Frauen seine Ursache möglicherweise in der Vielschichtigkeit der Verbindungen zwischen den beiden Gehirnhälften. Wo Männer keine Verbindungen zwischen einzelnen Ereignissen herstellen können, entstehen für Frauen in ihren Empfindungen durchaus Zusammenhänge.

Es ist gut für Frauen,

- wenn sie die Gefahr der Verallgemeinerung kennen und sich in Wortwahl und Gesprächsstil nicht allzu sehr davon leiten lassen,
- wenn sie wissen, dass sie unsachlich werden, wenn sie sich nur von Gefühlen bestimmen lassen.

Männer sollten versuchen,

- einerseits die Gefühle einer Frau wahrzunehmen und ernst zu nehmen,

- sich andererseits bei Dramatisierungen eine gewisse humorvolle Distanz zu bewahren und der Frau helfen, sachlich zu sortieren.

Schauen wir uns nochmals den unterschiedlichen Zugang von Mann und Frau zu ihren Gefühlen an. Ganz besonders deutlich wird dies am Themenkreis der Intuition.

Intuition meint die Fähigkeit, durch Beobachtung von feinen Nuancen in der Ausdrucksweise und Tonlage von Menschen eine Situation einschätzen zu können. Dazu sind Frauen meistens besser in der Lage. Sie können die Gesamtbefindlichkeit eines Menschen rascher erfassen. Sie haben einen spontanen Zugang zu Geheimnissen des Menschseins, des Lebens, des Unbewussten und können darüber staunen. Wollen sie es dann in Worte fassen, verstehen die Männer sie oft nicht, sondern versuchen, die Eindrücke mit sachlichen Argumenten auf eine realistische Ebene zu bringen. Damit verlieren die Dinge manchmal ihren Zauber. Andererseits aber gewinnen Erlebnisse oder Einschätzungen durch die männliche Relativierung auch an Sachlichkeit und Nüchternheit. Manche Frau wurde schon durch die Korrektur ihres Mannes vor überzogener Kritik, vor Übertreibungen, unsachlichen Auseinandersetzungen oder auch vor geistlicher Schwärmerei oder manipulativen Psychotechniken bewahrt.

Es ist wichtig, dass wir die jeweils unterschiedliche Art des anderen achten, ohne die eine oder andere Seite zu verabsolutieren.

Es tut Männern gut, sich gegenüber ihren Gefühlen zu öffnen und angstfreier auf die Botschaften ihres Unterbewussten zu hören. Es ist wichtig, dass Frauen dann die Männer dabei nicht verachten. Sie können ihnen helfen, die Angst vor Gefühlen zu verlieren. Es geschieht kein Unglück, wenn ein Mann Gefühle zeigt, er verliert seine Ehre dadurch nicht.

Umgekehrt tut es Frauen gut, sich in Entscheidungen, Auseinandersetzungen oder Konfliktsituationen nicht allein von ihren Gefühlen leiten zu lassen, sondern auf sachliche Argumente zu hören und das Ziel nicht aus den Augen zu verlieren. Sonst sind Frauen schnell an dem Punkt, dass sie durch Wut, Aggression, Gehässigkeit oder auch durch Weinerlichkeit und Selbstmitleid zu viel zerstören. Hinterher schämen sie sich dafür oder bedauern den Scherbenhaufen, den sie angerichtet haben.

Wenn wir uns dem Abenteuer stellen, voneinander lernen zu wollen, die eigene Sichtweise nicht verabsolutieren, sondern zu einem guten gemeinsamen Weg finden, dann werden Mann und Frau in ihrer jeweils verschiedenen Art zum Zug kommen und zusammen mehr erreichen als einer oder eine alleine.

 Gestaltung des Lebens

Bindung – Unabhängigkeit

Heute weiß man aus den wissenschaftlichen Forschungen: Frauen sind beziehungsorientiert und bindungsbedürftig, Männer suchen dagegen eher die Unabhängigkeit.

Ganz besonders interessant sind auf diesem Hintergrund die Forschungsarbeiten von Piaget und Kohlberg zum Thema »Moralität«. Sie beschäftigten sich im weitesten Sinn mit dem Themenkreis von ethisch verantwortlichem Handeln. Dabei beurteilten sie – ausgehend von Entscheidungen, die Menschen trafen – deren Fähigkeit zu ethischem Handeln. Sie teilten dabei den Menschen einen unterschiedlich hohen Grad an moralischen Fähigkeiten zu, sogenannte moralische Stufen. Piaget und Kohlberg kamen zu dem Ergebnis, dass die höchste moralische Stufe die Autonomie und Unabhängigkeit des Menschen sei, also die Fähigkeit, unabhängig von anderen Menschen kluge und ethisch klare Entscheidungen zu treffen.[49]

Für ihre Forschungen zogen sie jedoch nur männliche Testpersonen heran. Wurden zu einem späteren Zeitpunkt Frauen anhand der durch diese Tests gewonnenen Normen gemessen, so konnten diese nie an die höchste moralische Stufe heranreichen. Sie wichen von der (männlichen) Norm ab. So kamen die Forscher zu dem Ergebnis, dass Frauen nicht dieselbe hohe moralische Stufe wie Männer erreichen können.

Auf die Idee, dass Frauen möglicherweise von ihrer ganzen Psyche her so anders strukturiert sind, dass sie nicht an männlichen Testergebnissen gemessen werden können, kamen sie jedoch nicht. Erst in den letzten Jahrzehnten wurde auf diesen Unterschied in der psychologischen Forschung intensiver eingegangen.[50] Dabei wurde festgestellt, dass Frauen in Entscheidungen anderen Dingen Wert zumessen als Männer. Als höchstes Entwicklungsziel gilt für die meisten Frauen eben nicht die Autonomie und Unabhängigkeit, sondern die Integration und Gestaltung möglichst vieler Beziehungen. Entscheidungen werden also in der Abwägung und in Kommunikation, in der Zusammenschau und Verbindung von Interessen getroffen.

Autonomie oder Unabhängigkeit erscheint vielen Frauen nicht erstrebenswert, ja sie erleben dieses Gefühl sogar als etwas Bedrohliches.

Beziehungen haben für Frauen einen anderen Stellenwert als für Männer.[51] Für Frauen hängt ihr Selbstwert zu einem großen Teil davon ab, wie sie in Beziehungen leben und diese gestalten können.

Männer leiten ihren Wert eher von beruflichem Erfolg oder Karriere ab, von dem, was sie geleistet haben, welchen Erfolg sie vorweisen können. Zu enge Bindungen an Menschen erleben sie häufig als bedrohlich oder einengend.

Schon ganz früh kann man bei Kindern diese unterschiedliche Gewichtung feststellen. Die größte Drohung, die Mädchen aussprechen können, lautet: »Dann bin ich nicht mehr deine Freundin.« Auf Freizeiten, in Kindergärten und bei Freizeitgruppen haben Mitarbeiter oft tagelang damit zu tun, Beziehungen unter Mädchen zu klären und immer wieder Frieden in der Kommunikation herzustellen.

Jungen tragen ihren Streit eher in körperlichen – oft auch heftigen – Kämpfen aus. Danach kommen sie aber schnell zu einer Klärung und kehren wieder zu ihren vorherigen Themen zurück. Rivalität ist für Jungen kein Zeichen von Feindschaft. Es macht ihnen Spaß, sich miteinander zu messen, und dafür nehmen sie auch Blessuren in Kauf. Spiele von Jungen dauern darum in der Regel auch länger, weil sie die im Lauf des Spiels auftretenden Streitigkeiten schneller und besser bewältigen und zu den Inhalten ihres Spiels zurückkehren können.

Mädchen brechen ein Spiel oft ab, wenn es zu einem Streit kommt, und fangen mit anderen ein neues Spiel an oder ziehen sich beleidigt zurück.

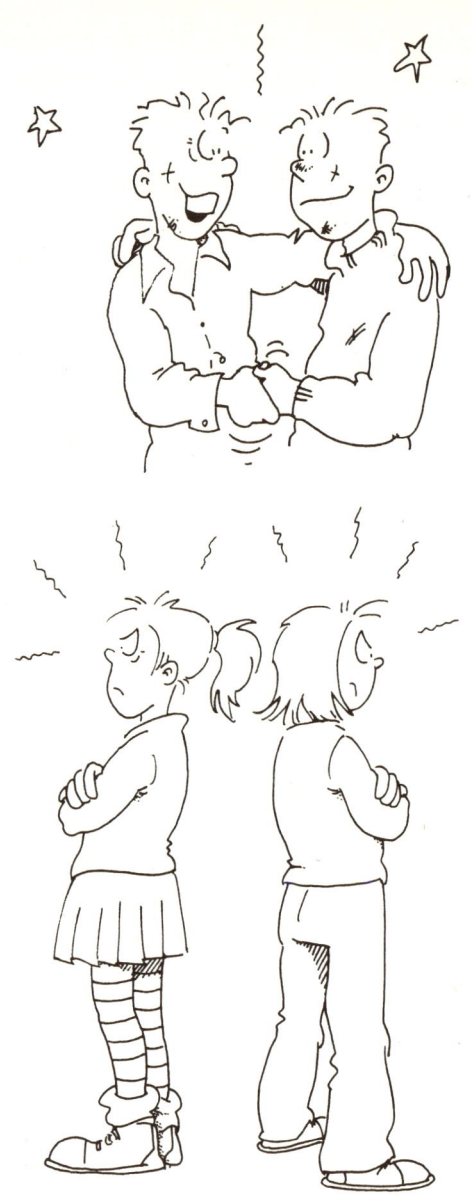

Auch die Spielthemen von Mädchen machen diese Beziehungsorientierung deutlich. Mädchen spielen in Rollenspielen häufig »Mutter und Kind«, »Lehrerin und Schüler«, »Krankenschwester und Patient«.

Jungen dagegen spielen lieber Szenarien, in denen Helden vorkommen: Gruppenkriege, Indianerspiele, Batman, Räuber und Gendarm. Darin bilden sich auch sehr schnell Hierarchien aus. Dabei will keiner als Schwächling gelten.

Ähnliche Beobachtungen kann man in der Schule machen. Das Thema Sitzordnung wird eigentlich fast immer von Mädchen angesprochen. Sitzordnung ist Beziehungsordnung. Wer darf oder will neben wem sitzen? Die räumliche Nähe oder Entfernung macht etwas von der Nähe oder Distanz in den jeweiligen Beziehungen deutlich. Da sich das bei Mädchen immer wieder ändert, wird auch die Sitzordnung immer wieder neu zur Debatte gestellt. Den Jungen ist dieses Thema meist relativ egal.

Frauen haben ein feines Gespür für Beziehungen. Sie erspüren schnell die Stimmigkeit oder Unstimmigkeit einer Kommunikation. So sind es fast immer die Frauen, denen es auffällt, wenn in einer Ehe oder in einer Beziehung etwas nicht stimmt. In aller Regel sind es die Frauen, die ihre Männer darauf aufmerksam machen oder darauf drängen, etwas für die Beziehung zu tun.

Wo die Männer immer noch sagen: »Wieso, ist doch alles in Ordnung! Bei uns klappt alles prima« – da sind die Frauen oft schon am Rande der Verzweiflung und spielen mit dem Gedanken an Scheidung. Zwei Drittel aller Scheidungen werden von Frauen eingereicht.

Jean Baker Miller betont, dass das Selbstwertgefühl der Frauen sich auf der »Fähigkeit, Bindungen und Beziehungen herzustellen und dann aufrechtzuerhalten«[52] aufbaut. Darum gehen sie ganz anders an das Leben heran. Ein elementarer Bestandteil des Lebens einer Frau ist die Beziehungsgestaltung. Darin fühlen sie sich sicher und können sich entfalten.

Kleine Netzwerke – große Netzwerke

Viele wissenschaftliche Forschungen weisen inzwischen darauf hin, dass Mädchen und Frauen sich lieber in kleineren Netzwerken aufhalten als Jungen und Männer. Dies ist eine weitere Bestätigung der Beziehungsorientierung der Frau und des Unabhängigkeitsstrebens des Mannes.

Man unterscheidet zwischen vier Formen von Netzwerken.[53]

1. Die *Dyade* oder Zweierbeziehung, also Mutter-Kind, Mann-Frau, zwei Freundinnen.
2. Die *kleine Gruppe* wie Familie oder Arbeitsgruppe, bestehend aus 4–5 Personen.
3. Der *Verband*: Familien, größere Verwandtschaften, Nachbarschaften, auch Gemeinden, Vereine können dazu gezählt werden.
4. Der *Makroverband*, die übergreifende Gruppe, ein Zusammenschluss mehrerer Verbände häufig mit dem Zweck des Austausches von Ressourcen, Informationen und Individuen.

Im Lauf des Lebens lernen Menschen, sich in diesen unterschiedlichen Gruppenformen angemessen zu verhalten. Denn Verhaltensmuster, die in der Zweierbeziehung angemessen sind – wie Umarmung und vertrauensvoller Austausch von Intimitäten –, sind bereits in einer größeren Gruppe unangemessen.

Ab dem Alter von fünf Jahren ist schon klar zu erkennen, dass Mädchen lieber in kleineren Gruppen, Jungen in größeren Gruppen zusammen spielen. Jungen finden sich besser in größeren sozialen Strukturen zurecht, wo es um Wettkampf, Kräftemessen, also Dominanzverhalten und das Erkämpfen von Privilegien geht. Sie organisieren sich gerne in Mannschaften, zum Beispiel im Sport, und haben darin den Vorteil, dass sowohl Kooperation und Zusammenarbeit als auch Wettkampf gleichzeitig ausgeübt und gestaltet werden können.

Ausnahmen bestätigen die Regel: Natürlich gibt es auch Einzelgänger beiderlei Geschlechts, die freiwillig oder gezwungenermaßen alleine sind und für sich spielen.

Schon ganz früh kann man feststellen, dass sich Kinder beim Spielen nach Geschlechtern aufteilen. Jungen spielen lieber mit Jungen und Mädchen lieber mit Mädchen. Meiner Beobachtung nach kann man das auch bei Verwandtschaftstreffen oder bei Gemeindeveranstaltungen beobachten: Nach einer gewissen Zeit haben sich geschlechtsspezifische Gruppen herausgebildet. Meistens sind die Männergruppen auch größer als die Frauengruppen. Frauen unterhalten sich eher in Zweier- oder Dreiergruppen, während Männer häufig in Gruppen ab fünf und mehr Personen zu finden sind.

Auch in der Arbeitswelt ist die Trennung nach Geschlechtern deutlich zu beobachten. Sowohl Arbeitsräume als auch Arbeitsbereiche sind bis auf wenige Ausnahmen – wie zum Beispiel Großraumbüros – nach Geschlechtern getrennt.

Das bedeutet nicht, dass Frauen nicht in der Lage wären, sich männliche Spezialgebiete zu erschließen. Ein Beispiel dafür ist der Sekretärsberuf, der früher ein reiner Männerberuf war und heute fast nur noch von Frauen ausgeübt wird. Ähnliche Tendenzen finden wir im Bereich des Lehrerberufes (zumindest an Grundschulen).

Möglicherweise liegt bei kleinen Kindern die Bevorzugung des gleichen Geschlechts daran, dass die Spielinhalte und die Art und Weise des Spieles in einer homogenen Gruppe besser zusammenpassen. Mädchen empfinden das Spiel der Jungen oft als zu grob, die Jungen das der Mädchen als zu langweilig, zu emotional oder beziehungsorientiert.

Jungen spielen gerne »in großen Gruppen, die hierarchisch strukturiert sind. Ihre Gruppen haben einen Anführer, der sagt, was zu tun ist … Mädchen hingegen spielen in kleinen Gruppen … Innerhalb der Gruppe ist die Intimität von zentraler Bedeutung«.[54]

Beziehung und Erfolg

Wenn Mann und Frau daraufhin befragt werden, wann sie sich an einem Ort sicher fühlen, dann würden die meisten Frauen zuerst sagen: Wenn ich Menschen gefunden habe, denen ich vertrauen kann und bei denen ich mich echt geben kann. In Beziehungen bin ich zu Hause.

Ein Mann würde vermutlich als Erstes zur Antwort geben: Wenn ich eine Aufgabe gefunden habe, die mir Sinn gibt, in der ich Erfolg haben kann und durch die ich anerkannt bin.

Die Publizistin Prof. Gertrud Höhler kommt zu dem Ergebnis, dass Männer sich erfolgreich sehen und Sinn darin entdecken, wenn sie etwas Greifbares hervorbringen, wenn sie Erfolge und Ergebnisse vorweisen können: »Du bist, was du tust.«[55] Frauen dagegen werten es als Erfolg, wenn sie einen Menschen besser kennengelernt haben und ihn besser verstehen können. Sie möchten Menschen helfen, sich weiterzuentwickeln und zu verändern. »Du bist, was du bist – wenn du angekommen bist in der eigenen Mitte.«[56]

Erfolg haben, zum Ziel kommen, es alleine schaffen – das ist es, was Männer wollen.

Ein Familienauto hält neben einem Motorradfahrer. Die Kinder halten ein Plakat aus dem Auto, auf dem steht: »Hilfe, wir haben uns verfahren, aber unser Papa will nicht anhalten und nach dem Weg fragen.«

Dies ist eine Erfahrung, die zum Schmunzeln anregt, aber im Alltag oft heftigen Streit hervorruft.

»Warum kann er nicht einfach die Fensterscheibe herunterlassen und Passanten fragen?«, fragt sich seine Frau kopfschüttelnd oder verärgert auf dem Beifahrersitz und versteht die männliche Handlungsweise nicht. Erfolgsorientierung gekoppelt mit Experimentierfreude ist sicher ein Grund, warum Männer sich schwertun, in unbekanntem Terrain nach dem Weg zu fragen. Sie wollen eben selbst zum Ziel kommen nach dem Verfahren von »Versuch und Irrtum«, wie in einem großen Geländespiel. Auf die Hilfe anderer angewiesen zu sein, ist für sie ein Zeichen von Inkompetenz. Lieber nehmen sie Umwege in Kauf, als sich in Abhängigkeit von anderen Menschen zu begeben.

Da es heute inzwischen in vielen Autos Navigationsgeräte gibt, ist dieses Thema nicht mehr so brisant. Ein technisches Gerät zu bedienen, macht den meisten Männern schließlich Spaß. Der positive Nebeneffekt: Manche Ziele werden tatsächlich schneller erreicht als vorher.

Die männliche Erfolgsorientierung zeigt sich auch darin, dass Männer gerne etwas reparieren, egal, ob technische Geräte, Spielzeug oder heruntergewirtschaftete Organisationen, Konzerne oder Institutionen. Dies bestätigt ihre Unabhängigkeit und ihre Fähigkeit, etwas zu vollbringen oder auch beherrschen zu können. Misslingt ihnen eine Reparatur – egal, in welchem Bereich –, so kann dies zu tiefen Selbstzweifeln und dem Gefühl der Wertlosigkeit führen. Dies erklärt auch, warum manche Männer mit einer Verbissenheit – auch bis zur körperlichen Erschöpfung – darum kämpfen, eine Lösung für ein Problem zu finden.

Und es macht deutlich, warum Männer im Ruhestand in eine so tiefe Lebenskrise geraten können: Das Muster »Ich bin gut, weil ich Leistung bringe und Nützliches tun kann« funktioniert nicht mehr.

Woher bezieht ein Mann seinen Wert, wenn er aus dem Arbeitsprozess ausgeschieden ist? Die Bemühungen der Männer, sich einen neuen Wert zu geben, sind vielfältig: angefangen von der Umorganisierung des Haushaltes oder der Neuordnung in der Küche bis hin zur Generalsanierung des Kellers oder Gartens. Das Ziel besteht darin, die Erfahrung aufrechtzuerhalten: Leistung macht das Leben wertvoll.

Schon ganz früh kann man bei Jungen dieses Lebensmuster erkennen. Sie machen aus allem einen Wettkampf. Leistung, Siegen und Gewinnen ist wichtig.

Für Mädchen ist es wichtiger, Freundschaften zu haben. Statt eines Sieges stecken sie lieber zurück, um die

Freundschaft nicht wegen eines Gewinns oder einer Niederlage aufs Spiel zu setzen.

Weiter ist zu beobachten, dass Jungen im Spiel die Einhaltung bestimmter Regeln wichtig ist. Mädchen werfen dagegen bestehende Regeln über Bord, um sich die gegenseitige Freundschaft zu erhalten. Eine klare Ordnung der Welt gibt Jungen Sicherheit, für Mädchen haben feste Beziehungen diese Funktion. »Das wichtigste Gut, um das in der hierarchischen Welt von Jungen gefeilscht wird, ist Status ... Deshalb überprüfen Jungen ihre Beziehungen auf subtilste Statusschwankungen und registrieren genau, wer Anweisungen gibt und wer sie entgegennimmt. Mädchenspiele werden von ganz anderen Motiven bestimmt. Das wichtigste Gut ... ist Intimität. Mädchen untersuchen ihre Freundschaften auf subtile Bündnisverschiebungen, und sie versuchen, beliebte Mädchen als Freundinnen zu gewinnen. Beliebtheit ist eine Form von Status, aber sie gründet auf Bindung.«[57]

In Beziehungen leben und sich mitteilen können, die eigene Lebenswirklichkeit und persönliche Empfindungen mit anderen teilen können, gehört ganz wesentlich zum Grundwertgefühl der Frau. Wenn eine Frau sich nicht mitteilen kann, fühlt sie sich nicht angenommen, ja sogar isoliert.

Darum sucht eine Frau die Begegnung mit anderen Menschen, will hören und sich mitteilen, an der Welt anderer Menschen teilhaben. Ihre Wertigkeit erfährt sie im offenen Austausch, in der Erfahrung von Geborgenheit, Nähe und Sicherheit.

Ein Mann bezieht seinen Wert aus dem Gefühl, etwas Positives oder Konstruktives für das Miteinander beitragen zu können und dafür Anerkennung zu bekommen: einen Rat, den er geben kann; eine Reparatur, die er ausführen kann; eine Lösung, die er anbieten kann; einen Plan, den er schmieden kann; eine Strategie, die er entwickeln kann; einen Erfolg, den er vorweisen kann.

Manchmal habe ich mich schon gefragt, warum wir in unseren Gemeinden ein solches Ungleichgewicht von Frauen- und Männergruppen haben. In fast jeder Kirchengemeinde gibt es einen oder mehrere Frauenkreise, doch nur selten besteht ein Männerkreis. Für mich zeigt sich darin eine unterschiedliche Bedürfnislage von Männern und Frauen. Frauen brauchen Gruppen und Kreise, damit wird ein elementares Bedürfnis der Beziehungspflege befriedigt.

Männer suchen eher die Mitgliedschaft in einem Verein, einer Partei, einem Gremium oder einem Projekt. Die Definition des Wertes findet dort eher über den Status, die Aufgabe, die Möglichkeit, etwas zu vollbringen, statt.

Das intensive Bedürfnis von Frauen nach Wertschätzung in Beziehungen birgt auch eine Gefahr in sich. Denn Frauen orientieren sich nicht nur an den ausgesprochenen Erwartungen, sondern fragen sich vor Entscheidungen auch häufig: »Was *könnten* andere von mir erwarten?« Wenn sie dann immer das tun, was in den Augen anderer richtig sein könnte, erhoffen sie sich dadurch Wertschätzung und einen sicheren Ort. So kann aus dem Grundbedürfnis nach sicheren Beziehungen auch eine fatale Abhängigkeit entstehen: »Ich tue, was von mir erwartet wird.« Manche Frauen vermitteln diese innere Haltung so deutlich nach außen, dass sie auch tatsächlich ausgenutzt und in manchen Fällen auch gedemütigt werden. Sie werden zum Opfer, dem man alles aufbürden kann. Ihr Bedürfnis nach Beziehungen wird von anderen missbraucht.

Der andere Umgang eines Mannes mit Beziehungen kann zu einer hilfreichen Korrektur für die Frau werden. Ein Mann hinterfragt immer wieder auch die Motive einer Frau: »Warum tust du das? – Ist es wirklich nötig?« Es kann sehr befreiend sein, wenn die eigene Sicht auf diese Weise relativiert wird, wenn Motive auf den Prüfstand kommen und dadurch der Blick für andere Entscheidungen möglich wird.

Umgekehrt kann ein Mann durch seine Frau den Wert von Beziehungen ganz neu schätzen lernen. Es ist ein großer Gewinn für das Leben, wenn man Freunde hat, die in schweren Situationen zu einem stehen und in Krisen zu einem halten. Mancher Mann hat dies erst über seine Frau entdeckt.

Selbstabwertung oder Selbstsicherheit

Eine Frau wird für eine gute Leistung gelobt und die Antwort lautet: »Ach so gut bin ich doch gar nicht.« Oder: »Das habe ich mir nicht selbst zuzuschreiben.« Das Lob wird einfach zurückgewiesen. Ein Verhalten, das Männer häufig und zu Recht nicht verstehen können.

Woher kommt dieses Verhalten?

Frauen wollen häufig nicht über ihre Leistungen wahrgenommen werden. Darum messen sie eigenen Leistungen auch wesentlich weniger Gewicht bei, als Männer für sich tun. Manchmal scheinen Frauen ihre Erfolge geradezu herunterzuspielen, sich selbst abzuwerten. Auch in Vorträgen und öffentlichen Äußerungen suchen sie mehr die

Solidarität mit anderen.[58] Statt sich gegen ihre Mitmenschen abzugrenzen oder auf herausstechende Leistungen hinzuweisen, wie das Männer öfters tun, werten Frauen sich eher ab und sprechen von Misserfolgen und Scheitern, um zu vermitteln: »Ich bin wie ihr.«

Bei Präsentationen und Vorstellungen von Männern bekommt man dagegen häufig von den zustande gebrachten Erfolgen und Leistungen zu hören.

Dieses Muster zeigt sich auch im Umgang mit Humor. Jungen und Männer nehmen sich gegenseitig auf die Schippe, provozieren, täuschen Feindseligkeit vor und grenzen sich ab. Mädchen machen sich lieber über sich selbst lustig. Männer empfinden den weiblichen Humor – sicher nicht zu Unrecht – häufig als Selbstentwertung. Warum tun Frauen das? Ein Grund ist, dass Frauen dadurch Nähe und Gleichheit herstellen wollen.

Die andere Art der Frau, mit Leistungen und Erfolgen umzugehen, schlägt sich auch im Karrierestil nieder. Darin wird die Beziehungsorientierung der Frauen deutlich. Sie benutzen häufiger den Wir-Stil: »Wir haben das Projekt fertiggestellt«, während Männer öfters die Ich-Formulierung benutzen: »Ich habe es durchgezogen.« Oder: »Ich kann das am besten.«

Die weibliche Zurückhaltung wird von den Männern oft als mangelndes Selbstvertrauen gedeutet und damit haben sie nicht ganz unrecht. Frauen haben weniger Selbstvertrauen.[59]

Woher kommt das? In der Psychologie unterscheidet man zwei Arten, mit Erfolg und Misserfolg umzugehen: die *externale* oder *internale* Kausalattribuierung. Bei Erfolg kann ich Erfolg und gute Ergebnisse meinen Fähigkeiten, meinem Können, meiner Stärke zuschreiben (*internale* Kausalattribuierung). Die Ursache für Erfolg und gute Leistung liegt also in mir selbst.

Oder ich führe Gelingen und Erfolg auf glückliche äußere Umstände oder günstige Zufälle zurück (*externale* Kausalattribuierung), sodass ich letztlich für Erfolg oder Misserfolg nicht zuständig oder verantwortlich bin. Das Selbstwertgefühl wird nicht gestärkt, wenn ich Erfolge mit Glück oder Zufall begründe.

Jungen neigen dazu, Erfolg auf eigenes Können zurückzuführen und als Ausdruck ihrer Fähigkeiten zu sehen. Misserfolg wird dagegen auf Pech und unglückliche äußere Umstände zurückgeführt. Mädchen tendieren zur genau umgekehrten Beurteilung. Sie geben sich bei Misslingen selbst die Schuld und sehen dies als Beweis für die eigene Unfähigkeit. Sie reagieren auf Tadel oder Kritik auch deutlich betroffener als Jungen. Erfolge dagegen schreiben sie eher glücklichen äußeren Umständen zu.

Die Furcht vor dem Erfolg, die bei Mädchen immer wieder zu beobachten ist, könnte seine tiefsten Wurzeln in der Furcht vor dem Misserfolg haben: »Bevor ich scheitere, schraube ich lieber die Ansprüche an mich und meine Leistungen zurück.« So haben Mädchen die Tendenz, Situationen, in denen sie gefordert oder gefördert werden können, lieber zu vermeiden. Die Chancen, positive Erfahrungen zu machen, werden damit aber auch geringer.[60]

Hinter dem Verhalten Selbstabwertung (bei Frauen) und Selbstüberhöhung (bei Männern) steht möglicherweise ein tiefer liegendes Problem: eine starke Selbstunsicherheit bei beiden Geschlechtern. Eine groß angelegte empirische Untersuchung[61] kam zu dem Ergebnis, dass viele Verhaltensweisen von Männern den Versuch darstellen, die zugrunde liegende Unsicherheit zu überdecken.

Bei Frauen zeigt sich das in der »Flucht nach vorne«: Wenn ich von vornherein meine Schwächen zugebe, kann sie niemand mehr aufdecken. Bei Männern ist es umgekehrt: Ich spreche nur von meinen Stärken und verberge meine Schwächen.

Walter Trobisch schreibt dazu: »Das Problem liegt wohl darin, dass der Mann in Wirklichkeit so ganz und gar nicht dem Bild entspricht, das die Welt sich über ›den Mann‹ gemacht hat … Die Rolle, die wir Männer nicht zur Zufriedenheit spielen können, ist die des starken Geschlechts. Wir überanstrengen uns gewaltig dabei und bringen doch keine glaubhafte Darstellung zustande. Spätestens in der Ehe lernen wir, dass wir damit keinen Beifall ernten. Die Frau durchschaut unser Spiel. Sie möchte ihren Mann als Mensch, als Mensch, der seine Schwächen nicht versteckt, sondern sich zu ihnen bekennt und sich mit ihnen seiner Frau anvertraut.«[62]

Nähe und Distanz

Frauen lieben die Nähe, die kleine Gruppe. Männer suchen lieber Abstand und Auseinandersetzung. Darum möchten Frauen Entscheidungen gerne im Gespräch mit anderen besprechen. Männer dagegen treffen Entscheidungen häufig alleine, ohne vorher mit jemandem darüber zu sprechen.[63]

Mädchen haben in der kleinen Spielgruppe schon früh gelernt, Unstimmigkeiten über das Gespräch zu regeln, während Jungen eher das Konfliktmuster Durchsetzung und Selbstbehauptung gelernt haben. Dies führt schnell zu Missverständnissen.

Wenn Probleme auftreten, wollen Frauen darüber reden. Männer dagegen möchten sich in einem solchen Fall gerne abgrenzen und zum Denken zurückziehen. Der Paartherapeut John Gray bezeichnet dies als die »Höhle«[64], die der Mann braucht, um darin in aller Stille sein Problem zu lösen.

Frauen erwarten Verständnis und keine Konfrontation. Sie wollen, dass die Gefühlsbalance auch in Problemgesprächen stimmig bleibt. Nach weiblichem Verständnis können Beziehungen gefestigt werden nach dem Muster: Wenn man sich emotional auseinandergesetzt hat, ist man sich hinterher näher. Die Botschaft, die Frauen gerne hören wollen: »Ich verstehe dich. Wir sind gleich, du bist nicht allein.« Ein Mann vermittelt in solch einem Fall aber oft: »Wir sind nicht gleich. Du hast Probleme, ich habe die Lösungen.«[65]

Weil sie ein Bedürfnis nach Nähe hat, fragt eine Frau ihren Mann immer wieder: »Liebst du mich noch?« Sie wünscht sich als Antwort: »Ja und wie!« Denn das erlebt sie als Aufwertung. Dann blüht ihre Seele auf.

Ein Mann fühlt sich durch eine solche Frage genervt und in seiner Kompetenz als Ehemann infrage gestellt. Die Frage stellt ihn an sich infrage. »Sie zweifelt an meiner Liebe. Was habe ich nur falsch gemacht?«

Diese unterschiedlichen Bedürfnisse nach Nähe oder Distanz lösen immer wieder Missverständnisse zwischen Männern und Frauen aus. Frauen erleben Nähe, wenn sie sich den Frust von der Seele reden, über Gefühle und ihre Befindlichkeit reden können. Sie wollen, dass ihnen jemand einfach nur zuhört, sie bestätigt oder Mitgefühl zeigt.

Wenn ein Mann in solchen Situationen von sich ausgeht, dann schließt er daraus, es sei das Beste, die Frau in Ruhe zu lassen und auf Distanz zu gehen. Die Frau wiederum sieht darin eine Abwertung, fühlt sich unverstanden. Sie fühlt sich allein gelassen. Frauen brauchen gerade in Frustrationssituationen die bestätigende Beziehung.

So bringen Männer und Frauen jeweils das ein, was ihnen selbst guttun würde, und gehen dabei davon aus, dass der andere genau dieselben Wünsche und Bedürfnisse hat.

Spricht eine Frau also von konkreten Problemen, meint der Mann, er sei für die Lösung zuständig. Er hört in der Schilderung der Frau eine Aufforderung heraus, einen Ratschlag zu geben oder eine Lösung für sie zu suchen. Er will ihr helfen, das Problem für sie lösen. Das aber frustriert die Frau wiederum. Sie will keinen Ratschlag, sondern schlicht Anteilnahme. Es kann sein, dass sie sich dann dem Vorschlag des Mannes widersetzt, weil sie seine Reaktion auf ihr Problem als nicht angemessen empfindet. Dies gibt dann dem Mann das Gefühl: Ich habe versagt, ich bin inkompetent. Besonders frustrierend ist es für einen Mann, wenn eine Frau über Probleme spricht, an denen er nichts ändern kann.

Doch es gibt eine sehr befreiende Botschaft für Männer an diesem Punkt: Sie sind nicht zuständig für die Lösung, nur fürs Zuhören. Das reicht einer Frau meistens schon vollständig.

Der umgekehrte Fall sieht so aus: Der Mann hat ein Problem und die Frau möchte im helfen. So versucht sie, sich mit ihm darüber zu unterhalten, ihm Nähe zu geben. Denn für sie ist es ein Zeichen von Liebe und Wertschätzung, sich in einen anderen Menschen hineinzudenken und dazu eine Menge Fragen zu stellen. Das ist ihre Art, Hilfe anzubieten. Sie versucht durch Nachfragen und Rückfragen dem Mann zu helfen, und ihm zu signalisieren, wie er es besser machen und seine Persönlichkeit entwickeln kann.

Dieser möchte aber in Ruhe gelassen werden und selbst erst über alles nachdenken. So zieht er sich zurück und distanziert sich. Das empfindet nun die Frau wiederum als Abwertung und Zurückweisung.

Es kann sogar sein, dass der Mann das unerbetene Hilfsangebot der Frau als einen Hinweis auf seine Unfähigkeit oder Defizite deutet, dass er es missversteht als Angriff auf seine Kompetenz. Er fühlt sich persönlich gedemütigt und gekränkt, denn er bekommt den Eindruck, dass sie ihm nicht zutraut, selbst mit der Sache fertig zu werden. Die tiefste Angst eines Mannes, dass er nicht gut genug, nicht fähig, nicht kompetent sein könnte, wird dadurch geschürt.

Zu viel Eingriff in seine Privatsphäre, zu viel Intimität gibt ihm das Gefühl, dass man ihm seine Kraft raubt, dass er sich selbst verliert. Männer müssen selbst kontrollieren können, wie nah sie einem Menschen sein wollen.

Deshalb gilt umgekehrt die Empfehlung an die Frauen: Erlauben Sie dem Mann den Rückzug und signalisieren Sie nur die Bereitschaft, dass ein Gespräch darüber möglich, aber nicht zwingend erforderlich ist. Häufig fangen Männer dann nach einer gewissen Zeit ganz von selbst an, sich zu öffnen.

Wir sehen also, dass die Bedürfnisse nach Nähe und Distanz bei Männern und Frauen sehr unterschiedlich sein können und dass sie etwas mit der Wertung zu tun haben, die wir jeweils davon ableiten.

Es ist wichtig, diese Unterschiede zu kennen und einander zuzugestehen, dass wir als Männer und Frauen hier teilweise sehr verschiedene Empfindungen haben.

Ein Mann will selbst das Maß an Nähe bestimmen und genug Freiraum für sich selbst haben. Erlebt er das, wächst bei ihm auch das Bedürfnis nach Nähe und Intimität. Fühlt er sich aber angebunden und eingesperrt, wird er nach einem Fluchtweg suchen.

Solange wir über diese unterschiedlichen Empfindungen nicht Bescheid wissen, sind wir in der Gefahr, einander zu verletzen und uns misszuverstehen.

Darum ist es wichtig, auch über unterschiedliche Formen der Kommunikation miteinander zu reden, auf die Bedürfnisse des anderen einzugehen und ein neues Verständnis füreinander zu entwickeln.

 ## Gespräche

Unterschiede im Gesprächsstil sind nicht allein nur auf die männliche und weibliche Eigenart zurückzuführen, sondern haben ihre Ursachen auch in kulturellen Verschiedenartigkeiten, im unterschiedlichen soziokulturellen Hintergrund, in der erlebten Atmosphäre der Herkunftsfamilie und im Bildungsgrad. Dies sollte bei den folgenden Schilderungen der Unterschiede der Kommunikation zwischen Männern und Frauen immer mit bedacht werden.

Beziehungspflege oder Informationsaustausch

Stellen Sie sich vor, Sie könnten unbemerkt einem reinen Männergespräch und einem reinen Frauengespräch lauschen.

Sie würden vermutlich feststellen, dass die Männer sach- und themenbezogen miteinander reden: Politik wäre ein Thema, der Beruf und die Karriere, das Hobby. Sexualität käme vor und die Wirkung und Ausstrahlung von Frauen. Auf jeden Fall würde viel diskutiert, Anekdoten und Witze erzählt, Meinungen würden ausgetauscht und Statements abgegeben, Pläne würden geschmiedet und vielleicht würde sogar ein Verein oder eine Hilfsorganisation initiiert. Die Männer würden dabei vermutlich miteinander an einem Tisch sitzen.

In einem anderen Raum wären lauter Frauen, die im Gegensatz zu den Männern auf einer Sitzgruppe Platz nehmen würden. Weniger Sachthemen, sondern eher persönliche

Eindrücke würden das Gesprächsthema bestimmen. Über Beziehungen und Probleme im menschlichen Miteinander würde geredet und – je nach Situation der Frauen – auch über deren Kinder und Ehemänner. Die Frauen würden versuchen, sich in die Situation der jeweiligen Gesprächspartnerin einzufühlen und einander ihre Empfindungen, Zustimmung und Verständnis signalisieren.

Vieles wäre wahrscheinlich unfertig, assoziativ und vorläufig formuliert. Die Frauen würden einander ins Wort fallen, sich gegenseitig unterbrechen und auch gleichzeitig sprechen.

Frauen sprechen gerne über Beziehungsprobleme. Sie fühlen sich dem anderen nah, wenn man über die Beziehung spricht.

Männer dagegen meinen, dass eine Beziehung nicht gut sein kann, wenn man ständig daran arbeiten und sich darüber aussprechen muss.[66]

Einander etwas zu erzählen, ist für eine Frau ein Zeichen der Verbundenheit, Zuhören ein Ausdruck von Interesse und Anteilnahme.

Für einen Mann ist das Gespräch eher ein Informationsaustausch.

Auch in Vorträgen haben Männer und Frauen einen unterschiedlichen Stil. Männer halten sich in der Regel genau ans Thema und haken Punkt für Punkt ab.

Frauen dagegen versuchen oft, zuerst einmal Nähe zu den Zuhörerinnen herzustellen. Sie wechseln die Ebenen von der Sache zur Person, erzählen persönliche Erlebnisse und halten sich auch nicht immer ans Thema. Das wiederum verunsichert jedoch die zuhörenden Männer, weil sie keine klare Botschaft mehr hören.[67]

SECHSTKLÄSSLERINNEN

Frauen vermitteln oft, dass sie »gar nichts Besonderes« sind, auch wenn sie jetzt den Vortrag halten. Dies ist ein

Versuch, Nähe zu den Zuhörerinnen herzustellen. Männer präsentieren zu Beginn eines Vortrags dagegen oft ihre Erfolge, Titel und Auszeichnungen, damit sie ernst genommen werden.

Frauen suchen bis in die Körpersprache hinein in Gesprächen eher Nähe, Männer eher die Auseinandersetzung. So hat Deborah Tannen, eine amerikanische Soziolinguistin, festgestellt, dass die Körperhaltung bei Gesprächen in gleichgeschlechtlichen Gruppen in jeder Altersgruppe deutliche Unterschiede zeigen.

Frauen sitzen immer näher beieinander und oft auch einander direkt gegenüber, sodass sie sich in die Augen sehen können. Sie lassen evtl. auch körperliche Berührung zu.

Jungen dagegen sitzen so, dass sie einander weniger direkt zugewandt sind, teilweise fast parallel nebeneinander. Sie schauen sich weniger an, sondern fixieren Dinge im Zimmer oder schauen beim Gespräch aus dem Fenster.[68]

Eine Erklärung dafür ist, dass direkter Blickkontakt von Männern eher als feindselige Drohgebärde gedeutet wird. Vermeidung des Blickkontaktes kann also durchaus auch ein Zeichen der freundschaftlichen Verbundenheit sein.[69]

Unterstützung – Konfrontation

Eleanor Maccoby stellt fest: »Gespräche von Jungen untereinander enthalten ein höheres Maß an gegenseitigen Herausforderungen. Sie verspotten den anderen, indem sie ihn als ›Feigling‹ beschimpfen oder ihre Partner als ›Blödmann‹, ›Weichei‹ oder als ›schwul‹ bezeichnen. Sie fordern sich gegenseitig zu riskanten Mutproben heraus, um ihre Grenzen zu erproben und ihre Härte unter Beweis zu stellen. Weit häufiger als Mädchen führen Jungen ›ordinäre‹ Reden.«[70] Das Herausfordern gehört also ein Stück weit zur Wesensart von Jungen und Männern und spiegelt sich in den Inhalten von Gesprächen, aber auch in Verhaltensmustern und Spielweisen und in der ganzen Lebensgestaltung.

Frauen dagegen versuchen alles zu vermeiden, was die Beziehung gefährden könnte. Sie haben Angst davor, dass andere sich von ihnen distanzieren könnten, wenn sie offen sagen, was sie denken. Darum pflegen sie auch lieber einen unterstützenden Gesprächsstil: »Ja, das verstehe ich« oder »Hm, ja«, obwohl sie vielleicht anderer Meinung sind. Sie sagen häufig das, was der Gesprächspartner ihrer Meinung nach von ihnen hören will.

Mit diesem unterstützenden Stil können Frauen jedoch wesentlich mit dazu beitragen, dass Männer sich in der Zweierbeziehung öffnen und über Themen sprechen können, die sie im Gespräch mit anderen Männern eher vermeiden würden: wie z.B Gefühle, Hoffnungen und Befürchtungen.

Für viele Männer bedeutet ein gemütliches Zuhause, »frei vom Zwang zu sein, sich dauernd beweisen und durch sprachliche Darbietungen glänzen zu müssen. Sie können endlich hemmungslos schweigen ... Für die Frauen ist das Zuhause der Ort, wo sie hemmungslos reden können und wo ihr Gesprächsbedürfnis am größten ist, weil hier Menschen sind, die ihnen am nächsten stehen«[71].

Diese unterschiedlichen Erwartungen sind sicher mit ein Grund, warum Mann und Frau in einer Ehe häufig weniger miteinander reden, als sie das mit ihren jeweiligen gleichgeschlechtlichen Freunden oder Freundinnen tun.

Der Paartherapeut Michael Lukas Moeller weist jedoch darauf hin: »Ein Paar, das nicht mehr miteinander redet, verlernt sich kennen.«[72]

Vielleicht haben wir schlicht Angst vor den unterschiedlichen Empfindungen und Wahrnehmungen, die deutlich werden, wenn wir in einen echten Dialog miteinander treten, was sich in einer mangelnden Gesprächsbereitschaft niederschlägt.

Mehrgleisig oder eingleisig

Frauen und Männer gehen durchaus unterschiedlich mit Worten um. Frauen gebrauchen insgesamt mehr Worte.

Das hat auch biologische Gründe. Das Sprachzentrum ist bei Frauen stärker ausgeprägt als bei Männern.

Die zahlreicheren Verbindungen zwischen der rechten und der linken Gehirnhälfte der Frauen wirken sich dahingehend aus, dass Frauen zwischen Denken und Fühlen, Wahrnehmen und Formulieren schneller hin und her schalten können. Darum sind Frauen in dem, was sie formulieren, einerseits ganzheitlicher, aber andererseits oft auch sprunghafter als Männer. Diese können in der Regel besser strukturieren und analysieren als Frauen.

Der Eheberater Walter Trobisch wählte bereits vor über 40 Jahren – obwohl er noch nichts von den heute wissenschaftlich bestätigten Erkenntnissen der Hirnforschung wissen konnte – ein sehr interessantes und treffendes Bild für diesen Unterschied:

Wenn man Männer und Frauen mit einem Möbelstück vergleichen würde, dann wären die Männer wie eine Kommode: In ihr gibt es verschieden Schubladen, die man öffnen und schließen kann. Eine Schublade für den Beruf, eine für das Hobby, eine für das Geld, eine für Sexualität, eine für die Familie usw. Immer schön eins nach dem anderen – auf und zu – und möglichst nicht gleichzeitig.

Frauen dagegen sind wie ein Kleiderschrank: Wenn man dessen Türen öffnet, kommt einem alles auf einmal entgegen. Frauen können alles gleichzeitig und miteinander besprechen, ihre Empfindungen stellen Verbindungen zu ganz verschiedenen Lebensbereichen her. Die komplexere Wahrnehmung der Frau stellt ganz unterschiedliche Themen in Beziehung zueinander: das Fernsehprogramm und der Ehekrach, Kinderwickeln und eine Politikerin, die Nachbarin und die Ferienpläne, die Schwiegermutter und die eigene Berufstätigkeit. Für eine Frau kann es da durchaus interessante

Bezüge zwischen diesen Bereichen geben – ausgehend von ihrem Erleben, Empfinden und Denken. Für einen zuhörenden Mann ist diese Gleichzeitigkeit der Themen nicht unbedingt nachvollziehbar.

Inzwischen gibt es dazu interessante wissenschaftliche Untersuchungen.[73] Wenn Männer und Frauen miteinander reden, dann ist bei den Männern beim Zuhören nur die linke Gehirnhälfte aktiv, bei Frauen werden beide Gehirnhälften eingesetzt. Das bedeutet, dass Frauen komplexer wahrnehmen, dass Emotionen stärker beteiligt sind und dass sie sogar zwei Gesprächen gleichzeitig folgen können.

Dieser unterschiedliche Stil schafft in der Mann-Frau-Kommunikation immer wieder Probleme. Für Männer ist diese Mehrgleisigkeit und Sprunghaftigkeit oft nur verwirrend und ärgerlich, für Frauen dagegen eher normal.

Mittel zur Klärung oder Austausch von Ergebnissen

»Erst denken, dann reden.« Das ist ein typisch männlicher Satz. Aber bei Frauen funktioniert er nicht.

Denn Frauen versuchen im Gespräch – und nicht vorher – ihre Eindrücke und Probleme zu sortieren, zu ordnen und währenddessen zu Lösungen zu kommen. Das Gespräch ist also Mittel zum Zweck der Klärung.

Männer möchten dagegen gerne erst in aller Ruhe über ein Problem nachdenken. Wenn sie zu einer Lösung gekommen sind oder zumindest Ansätze einer Lösung gefunden haben, dann können sie auch darüber reden.

Das Gespräch dient ihnen eher zur Mitteilung einer Meinung oder eines Ergebnisses.

Frauen können ihren Stress und Frust abbauen, wenn sie davon erzählen. Dürfen sie sich nicht mitteilen, fühlen sie sich isoliert und abgewertet. Erzählen zu können und gehört zu werden, ist eines ihrer elementaren Bedürfnisse. Dadurch fühlen sie sich wertgeschätzt und ernst genommen.

Wichtig ist, dass ein Mann nicht versucht, eine Frau daran zu hindern, ihren Eindrücken freien Lauf zu lassen. Andersherum sollte eine Frau es akzeptieren, dass ein Mann sich in Gesprächen anders, zurückhaltender oder sachlicher äußern will und mehr Struktur im Gespräch sucht. Das kann auch einer Frau helfen, ihr Problem klarer zu erkennen und dann eine Lösung dafür zu finden.

Private Gespräche und öffentliche Gespräche

Die Soziolinguistin Deborah Tannen kommt zu dem Ergebnis, dass Männer sich eher wohlfühlen, wenn sie »öffentlich« reden, während Frauen sich in »privaten Gesprächen« eher zu Hause fühlen.[74]

Dies könnte eine Erklärung dafür sein, warum etwa 80 Prozent aller Leserbriefschreiber in einer normalen Tageszeitung Männer sind.

Weiter folgert Debora Tannen[75]: Je mehr Leute an einem Gespräch teilnehmen, desto beredter werden Männer, die sonst im häuslichen Bereich wenig sprechen. Je mehr Publikum da ist, desto öffentlicher empfinden die Männer eine solche Situation.

Manche Frau hat über ihren sonst so schweigsamen Mann schon gestaunt. Waren Gäste im Haus, fing er an, über seinen Beruf zu sprechen, und hat Dinge erzählt, die er im privaten Gespräch nie geäußert hat.

Das liegt nach Meinung von Deborah Tannen daran, dass Männer lieber vor Publikum reden, als dass sie Einzelgespräche führen. Gespräche vor mehreren haben eher einen demonstrativen Charakter, und ermöglichen Männern sich zu präsentieren. Auch Anekdoten oder Witze zu erzählen, gehört dazu. Das können Männer viel besser, denn dazu braucht man ein Publikum. Frauen dagegen können sich Witze oft nicht einmal merken.[76]

Frauen mögen Gespräche am liebsten mit zwei oder drei Gesprächspartnern. Deswegen führen Frauen in größeren Gruppen so oft Nebengespräche.

Nebengespräche werden von Männern (und Frauen) oft als unhöflich beurteilt. Allerdings sind dies meist interne Kleinbeiträge zum Thema. Frauen, die Nebengespräche beginnen, signalisieren damit im Grunde genommen entweder Zustimmung oder zumindest innere Beteiligung.

Als ich mit meiner Vortragtätigkeit startete, hat es mich anfangs verunsichert, wenn Frauen bei bestimmten Stichworten oder Situationsschilderungen anfingen, mitten im Vortrag miteinander zu reden. Durch Deborah Tannen habe ich gelernt: Dies ist nicht schlimm, sondern ein gutes Zeichen. Solches Verhalten macht deutlich, dass ich mit der Thematik einen wunden Punkt oder ein zentrales Anliegen der Frauen getroffen habe. Das Thema ist so brisant, weckt so viele Emotionen, dass eine Frau jetzt nicht schweigen kann, sondern ihrer Nachbarin genau dazu etwas erzählen muss.

In gemischten Gruppen passen sich Frauen – bis in die Körperhaltung hinein – allerdings eher dem männlichen Stil an.[77]

Ganz besonders auffallend ist für mich eine Beobachtung bei meinen Vorträgen. In aller Regel mache ich etwa in der Mitte des Vortrags eine Gesprächspause. Sind nur Frauen im Publikum, habe ich immer ziemlich Mühe, diese nach der Gesprächspause wieder zum Zuhören zu motivieren. Spreche ich aber vor gemischtem Publikum, kehrt nach der Pause sofort Ruhe ein. Die Frauen passen sich den Männern an.

Indirekt oder direkt

Miteinander reden und aufeinander hören sind sehr komplexe Vorgänge, bei denen weit mehr als die akustischen Fähigkeiten und das grammatische Verständnis gefordert sind.

Friedemann Schulz von Thun[78] nennt vier Ebenen, auf denen jede Kommunikation mehr oder weniger gleichzeitig verläuft:

1. *Sachebene*: Tatsachen, Fakten, die benannt werden.
2. *Selbstaussage*: All das, was der andere über sich offenbart – Gefühle, Belastungen, Befürchtungen, Hoffnungen.
3. *Beziehungsebene*: Das, was der andere über seine Beziehung zu seinem Gegenüber ausdrückt.
4. *Intention*: Ein Appell oder eine Bitte, mit der ich beim anderen etwas bewirken oder erreichen will.

Frauen hören und sprechen wesentlich mehr auf der Beziehungsebene und weniger auf der Sachebene.[79] Sie hören mehr die unterschwelligen Botschaften, die mit Gestik, Mimik, Körpersprache und Tonfall ausgedrückt werden. Es kann sogar sein, dass eine Frau eine Sachaussage gar nicht hört, weil sie die Gesamtatmosphäre aufnimmt, mit der eine Person sich präsentiert.

Mir geht es oft so bei den Nachrichten im Fernsehen. Zuerst nehme ich die Wirkung der Person wahr: wie sie frisiert ist, was sie anhat, wie sie geschminkt ist. Dann sage ich zu meinem Mann: »Schau mal, die Krawatte passt doch gar nicht zum Hemd.« Manchmal fragt mein Mann dann: »Hast du auch gehört, was er gerade gesagt hat?« Ich:

»Nein, kein Wort.« Die Gesamtwirkung war so viel eindrücklicher, dass ich die Worte schlicht überhört habe.

Im Verhalten zwischen Mann und Frau passieren solche Missverständnisse immer wieder.

Ein Mann sagt zu seiner Frau: »Bringst du mir bitte ein Bier oder kochst du mir einen Kaffee?« – Sie schließt aus seiner Körperhaltung, Mimik und Gestik jedoch, dass er gestresst ist, und bringt ihm stattdessen einen Beruhigungstee oder einen Obstsalat. Die Frau meint es gut, aber der Mann fühlt sich missverstanden. Möglicherweise tut also eine Frau genau das Gegenteil von der auf der Sachebene mitgeteilten Botschaft, weil sie mehr auf die indirekten Äußerungen reagiert.

Bei Männern ist es meist umgekehrt. Männer hören eher die Sachaussage und nicht die dahinterstehende indirekte Botschaft. Da Frauen häufig doppeldeutig kommunizieren, kann es sein, dass der Mann dadurch in eine Falle läuft: Er tut genau das, was die Frau sagt – und hört nicht die dahinterstehende emotionale, indirekte Botschaft.

Eine Frau sagt zu ihrem Mann: »Im Auto stehen noch Getränkekisten.« Der Mann denkt: »Okay, sie informiert mich darüber, dass der Kofferraum voll ist. Falls ich also den Kofferraum für etwas anderes benötige, sollte ich vorher die Getränkekisten ausräumen.« Die Frau verbindet aber mit ihrer Aussage eine indirekte Bitte: »Hole bitte die Kisten aus dem Auto und trage sie in den Keller.« Reagiert der Mann auf diesen Appell nicht, sondern nur auf die Sachaussage, fühlt sich die Frau missverstanden oder ist beleidigt und lässt dies den Mann deutlich spüren.

So kann es sein, dass sich Mann und Frau immer wieder falsch verstehen und sich diese Missverständnisse nicht erklären können, da doch die Botschaft eigentlich klar war. Beide haben eindeutig »verstanden«, was der andere »gesagt« hat und haben darauf reagiert. Oder umgekehrt:

Beide haben klar gesagt, was sie meinen, und wurden falsch verstanden. Wenn solche Missverständnisse immer wieder auftreten, sollten wir nicht bei Schuldzuweisungen stehen bleiben und frustriert aufgeben.

Es kann hilfreich sein zu analysieren, was immer wieder zu solchen Missverständnissen führt:

- Was habe ich genau gesagt?
- Habe ich es klar vermittelt?
- Habe ich widersprüchliche Botschaften auf verschiedenen Ebenen vermittelt?
- Was hat der andere gehört? Warum?

Wichtig ist dabei allerdings, genau zuzuhören und die Botschaft des anderen ohne Vorwürfe aufzunehmen. Dies führt letztendlich zu einem besseren Verständnis und bereichert zukünftige Gespräche.

 Schlussfolgerungen

Jedes Gespräch ist anders, jedes Paar kommuniziert verschieden. Wie Ehepaare Konflikte bewältigen, ist sehr unterschiedlich.

Manche Partner vermeiden schlichtweg alle Auseinandersetzungen, um die Beziehung nicht aufs Spiel zu setzen. Vieles brodelt dann aber unterschwellig weiter und entfaltet eine gefährliche Dynamik im seelischen Untergrund. Andere Paare leben einen offenen feindseligen Stil, wieder andere bevorzugen nüchtern-sachliche Verhandlungen.

Damit beide in ihrer Ehe zufrieden bleiben, müssen Mann und Frau darauf achten, dass keiner emotional zu kurz kommt. Die Kunst dabei ist, sowohl mit den eigenen negativen Gefühlen als auch mit denen des Partners zurechtzukommen.

Männer gehen einer Auseinandersetzung lieber aus dem Weg, anders als Frauen das untereinander tun würden. Frauen haben ein feines Gespür für Unstimmigkeiten und wollen diese gerne thematisieren, um sie aus dem Weg zu räumen. Denn sie wissen, dass auch die kleinen Stolpersteine unterwegs zu größeren Problemen werden können.

Wenig hilfreich sind Schuldzuweisungen, Rechthabereien und Festlegungen. Gute Kommunikation braucht die Bereitschaft, vom anderen zu lernen und sich korrigieren zu lassen.

»Unsere Zuneigung zueinander wächst, je mehr wir voneinander erfahren und wissen. Das ist ein klassisches Ergebnis der Sozialpsychologie und der menschlichen Verhaltensforschung. Diese Erkenntnis bleibt für das Verhältnis der Menschen zueinander sträflich ungenutzt«,[80] stellt der Paartherapeut Michael Lukas Moeller fest.

Wir vermuten ja eher das Gegenteil: Je mehr andere von mir wissen, von meinen Schwachstellen und Schwierigkeiten, desto mehr Grund gibt es, mich zu verachten oder sich von mir abzuwenden. Das Gegenteil ist aber der Fall: Offenheit schafft Zuneigung. Wenn wir etwas von unserem Innersten preisgeben, wenn wir über Ängste und Sorgen miteinander reden können, dann lässt das auch Verbindungen und Vertrauen zueinander entstehen.

Das macht Hoffnung für unsere Beziehungen. Es ermutigt uns, gerade auch die Gegensätzlichkeit zu thematisieren und für das Miteinander nutzbar zu machen.

Teil 3 – Mann und Frau gemeinsam – ein starkes Team

 In der Gesellschaft

All die genannten Unterschiede könnten Frustration und Resignation zur Folge haben. Sie können sich aber auch zum größten Abenteuer der Welt entwickeln. Spannend dabei ist ja gerade, die Chance zu entdecken, die in der Verschiedenartigkeit steckt. Gott hat Mann und Frau absichtlich so unterschiedlich geschaffen. Das ergibt für ihn Sinn. Diesen gilt es zu entdecken.

Nicht werten

Wichtig ist, dass wir an diese Unterschiedlichkeit nicht wertend herangehen und entweder das sogenannte »Weibliche« oder »Männliche« für das Bessere halten.

Die unterschiedlichen Trends in der Bewertung des Mann- und Frauseins und die daraus entstehenden Gefahren habe ich im ersten Teil ausführlich beschrieben.

Mit der jeweiligen Abwertung oder Aufwertung des Frau- oder Mannseins tun wir einander einen schlechten Dienst. Viel hilfreicher ist es, Wertschätzung füreinander zu entwickeln. Männer brauchen Frauen und Frauen brauchen Männer – im privaten wie im öffentlichen Bereich.

Wir sollten nicht in einer stolzen Haltung meinen, wir könnten am besten alles alleine auf unsere je weibliche oder je männliche Art bewältigen.

Gemeinsam sind wir stärker

Unsere jeweils männliche oder weibliche Sichtweise ist nur der eine Teil der Wirklichkeit, einseitige Wahrnehmung ist deswegen nur die halbe Wahrnehmung. Es ist gut, sich der eigenen Ergänzungsbedürftigkeit zu stellen.

Wir brauchen die männliche und weibliche Art miteinander, aber nicht gegeneinander. Dann können wir in unserer Welt Sinnvolles zustande bringen, ganz egal, wie die »weiblichen« und »männlichen« Anteile bei uns persönlich verteilt sind.

Ergänzung ist eine von Gottes Grundideen für Mann und Frau. Das Wort *Ergänzung* hat seine Wortwurzel in dem Wort »ganz«. Ergänzung bedeutet, mit dem anderen zusammen etwas Ganzes zu werden. Wir können von den Gegensätzlichkeiten profitieren und diese wie zwei Puzzleteile miteinander verbinden.

Denn wir brauchen in unserer Welt immer beides:

- Zielorientierung und Wahrnehmung der Störfaktoren.
- Durchsetzungsbereitschaft und Flexibilität.
- Den Blick auf das Ganze und die Offenheit für Details.
- Hochleistungsfähigkeit und die Bedachtsamkeit.
- Kampfbereitschaft und sensible Zuwendung.
- Auseinandersetzung und das Sich-wieder-Zusammensetzen.
- Entschlossenheit und Einfühlungsvermögen.
- Sachlichkeit und Emotionalität.
- Klare Strukturen und die Beachtung der persönlichen Konsequenzen eines Beschlusses.

Beziehungen sind wichtig, aber ebenso auch Ergebnisse.

Weibliche Sicherheitsbemühungen sind nötig, aber auch männliche Strategien und mutige Eroberungen, der Aufbruch ins Neue.

»Es ist wichtig, dass Menschen rechtzeitig begreifen, dass Männer und Frauen viel mehr für das … Leben tun können, wenn sie nicht konkurrieren, sondern kombinieren, was jeder von beiden am besten kann. Miteinander kämpfen, statt gegeneinander, miteinander spielen, statt die Verschiedenheiten gegeneinander auszuspielen«.[81]

 ## In der Ehe

Was für das öffentliche Leben gilt, gilt natürlich noch viel mehr für das private und für das Zusammenleben in der Ehe: Miteinander etwas Ganzes werden und die Ergänzung als Bereicherung erfahren.

Aber wie gestalten wir diese Unterschiede so, dass wir uns nicht ständig daran stören und ärgern, sondern sie wirklich als Bereicherung und Chance für uns entdecken können?

Der Liebe Ausdruck verleihen

Frauen sind mit ihren Männern oft nicht zufrieden. Sie wollen sie gerne anders haben. Deswegen fangen sie an, an ihnen herumzuerziehen, sie zu kritisieren und schlussendlich zu ständig nörgelnden Ehefrauen zu werden. Und die Männer leiden darunter.

Schon oft haben mir Männer erzählt, wie schwer es für sie ist, immer wieder das Gefühl zu haben, es ihren Frauen nicht recht machen zu können. Sie wollen aber so gerne einfach akzeptiert werden, wie sie sind.

Denn jeder Mensch braucht das grundlegende Ja des Sein-Dürfens (Martin Buber), den Zuspruch: Du bist geliebt, so wie du bist.

Es gibt eine gute Nachricht für alle, die mit ihrer Ehe unzufrieden sind: Veränderung ist möglich! Aber sie geschieht nicht dadurch, dass wir aneinander herumerziehen, sondern indem wir einander stehen lassen und akzeptieren, wie wir sind.

Ein Mann erzählt: Meine Freunde sagten seit Jahren zu mir, ich solle mich ändern. Meine Frau nickte dazu. Jeder sagte mir immer wieder, ich solle mich ändern. Ich pflichtete ihnen bei, denn ich wollte mich ja ändern, aber ich brachte es einfach nicht fertig, sosehr ich mich auch bemühte. Dann sagte eines Tages meine Frau zu mir: »Weißt du was? Ändere dich nicht! Bleib, wie du bist. Es ist wirklich nicht so wichtig, ob du dich änderst oder nicht. Ich liebe dich so, wie du bist. So ist es nun einmal.«

Diese Worte klangen wie Musik in meinen Ohren. »Ändere dich nicht, ändere dich nicht ... ich liebe dich!« Und ich entspannte mich und wurde lebendig, und Wunder über Wunder, ich änderte mich! Jetzt weiß ich, dass ich mich nicht wirklich ändern konnte, bis ich jemanden fand, der mich liebte, ob ich mich nun änderte oder nicht. (Nach A. de Mello.)

Jeder Mensch braucht die Würde, geachtet und geliebt zu sein, um sich zu entfalten zu können. Genau dadurch geschieht Veränderung: auf dem Boden gegenseitiger Wertschätzung und Achtung. Liebe sieht den anderen, wie er ist – und nimmt ihn trotzdem an.

Unser Ja zum anderen kann von dem großen Ja Gottes über uns gespeist werden. Wir – als sein Gegenüber, als sein Ebenbild – sind von Gott angesehen. Wir dürfen alle Fassaden und Absicherung bei ihm ablegen und echt werden. Mit unserer Sehnsucht und unserer Bedürftigkeit dürfen wir vor ihm stehen und wissen: Er sagt dennoch Ja zu mir.

Und darum gilt auch: *Wie Gott mir, so ich dir.*

Von diesem Ja kann mein Ja zum Partner erneuert werden. Liebe heißt dann auch: Ich kann mich vor dem anderen sehen lassen, wie ich bin, und von ihm annehmen lassen, wie ich bin.[82]

Ja zur Unvollkommenheit

Gottes Ja zu mir ist immer auch ein Ja zu meiner Unvollkommenheit und zu meiner Bedürftigkeit. Darum kann auch Ehe und menschliches Miteinander überhaupt nur gelingen, wenn wir uns von der Vorstellung der Perfektion verabschieden. Kein Mensch ist vollkommen, kein Mensch ist fehlerfrei, auch nicht annähernd. Weder wir selbst noch der andere kann den Maßstäben der Hundertprozentmarke genügen.

Ehe wird nie vollkommen sein. Und der Ehepartner erst recht nicht.

Gott liebt nun mal gerade die Unvollkommenen und die Unperfekten. Sowohl mich Unvollkommenen als auch meinen unvollkommenen Ehepartner. Zum biblischen Verständnis des Menschseins gehört das Wissen und die Erfahrung, dass Menschen erlösungs- und vergebungsbedürftig sind. Jesus hat seinen Auftrag auch unter diesem Aspekt gesehen. »*Die Starken bedürfen des Arztes nicht, sondern die Kranken*« (Matthäus 9,12).

Wir sind unvollkommen in der Liebe, die wir geben können. Wir sind unperfekte Menschen und unser Gegenüber ebenso. Vieles in unserem Leben wird Fragment und Bruchstück bleiben.

Wenn ich heirate, heirate ich nicht nur das am anderen, was mir gefällt, sondern den ganzen Menschen mit allem, was er mitbringt: seine Gaben und Fähigkeiten, aber auch seine Schwachstellen, seine Verletzungen und seine Prägungen. Umgekehrt gilt ebenso: Der andere hat mich mit meinen Stärken und Begabungen, aber auch mit meinem Versagen, mit meinen Unsicherheiten und meiner vielleicht kläglichen Vergangenheit geheiratet. So gehören wir zusammen – mit allem, was wir mitbringen – und dürfen das Miteinander unter die Zusage der Barmherzigkeit und Vergebung Gottes stellen.

Statt immer auf das zu sehen, was der andere *nicht* geben kann, sollten wir unseren Blick zu Gott wenden. Gott allein kennt die tiefsten Schichten unserer Seele, er sieht die ungestillten Sehnsüchte. Er weiß, was wir brauchen, und kann es uns geben. Wenn wir aufhören, vom Ehepartner etwas zu erwarten, was nur Gott schenken kann, ändert sich etwas in einer Ehe. Dann entsteht eine neue Freiheit und eine neue Dynamik in der Beziehung zueinander.

Ich entlasse den anderen aus überhöhten Erwartungen, ich nehme ihn an, wie er ist. Ich schenke ihm damit den

Freiraum zur Entfaltung. Wenn wir uns einander mit unseren Schwachstellen und Schwierigkeiten akzeptieren, entsteht ein neues positives Spannungsfeld zwischen uns.

Statt ärgerlicher Gereiztheit und immer denselben Bemerkungen kann sich Humor breitmachen, gelingt ein neues Wahrnehmen des anderen.

Statt Verachtung und abschätziger Gedanken oder Worte kann die Wertschätzung, die Gott uns schenkt, wieder Raum in der Kommunikation einnehmen.

Statt Heimlichkeiten und Unehrlichkeiten kann sich eine neue Bereitschaft zur Anteilnahme breitmachen. Wo Vertrauen ist, darf der andere an meinen Hoffnungen und Ängsten, meinen Wünschen und Sorgen teilhaben.

Aus Langeweile wird so neues Interesse, werden neue Entdeckungen möglich.

Versöhnung und Vergebung

Viele leiden unter negativen Erfahrungen in ihrer Ehe. Frustration und Verbitterung können dazu führen, dass manche Paare nicht mehr miteinander, sondern nebeneinander oder gegeneinander leben.

Aber wir müssen solche Verletzungen nicht mit uns herumschleppen, sondern Gott möchte uns einen Neuanfang geben. Er will, dass wir uns für seine Vergebung und seine Heilung öffnen, damit wir miteinander in dieser Welt leben und nicht gegeneinander.

Genau darin besteht die Barmherzigkeit Gottes, dass wir nicht bei Bitterkeit und Frustration stehen bleiben müssen. Ein Weg nach vorne ist immer offen. Wir können Schritte in eine neue Richtung gehen, hinein in die offenen

Arme Christi am Kreuz. Dort können wir neu beginnen, neu mit Gott und neu mit unseren Mitmenschen.

Dazu brauchen wir manchmal aber eine ganz bewusste Entscheidung zum Neuanfang, manchmal auch die Hilfe von Seelsorgern oder Beratern, die mit uns aufdecken, was zerstört wurde, was nicht geheilt ist und neu werden muss.

Und dann geschieht es aufs Neue: Wir können die unterschiedliche Grundausstattung von Mann und Frau und die dadurch anders gewichteten Begabungen und Schwerpunkte würdigen, ernst nehmen und für das Miteinander fruchtbar machen.

Die Ergänzung gestalten

Die Gegensätzlichkeit, die wir ein einer Ehe erleben, ist ja keineswegs nur im Mann- oder Frausein begründet, sondern auch in der Unterschiedlichkeit von Charakter, Temperament und Stil und in den unterschiedlichen Prägungen durch die Familien, in denen wir aufgewachsen sind.

Eine Frau sagte einmal zu mir: »Am Anfang fand ich es ganz super, dass mein Mann so gemütlich ist. Das genaue Gegenstück zu mir. Herausforderung pur. Doch inzwischen nervt es mich nur noch, dass er immer so gemütlich ist. Am liebsten würde ich ihm manchmal einen Tritt in den Hintern geben, damit er sich mal ein bisschen schneller bewegt, schneller entscheidet, selbst mal mehr Initiative entwickelt. Und jetzt bin ich immer wieder neu frustriert.«

Die Liste der Unterschiedlichkeiten lässt sich beliebig ergänzen:

- *Er* ist sehr ordnungsliebend. *Sie* verteilt ihre persönlichen Utensilien in der ganzen Wohnung und fühlt sich erst dann so richtig wohl, wenn sie überall Spuren hinterlassen hat.
- *Sie* ist pünktlich und es ist ihr sehr peinlich, zu spät zu kommen. *Er* ist so gut wie immer unpünktlich und kommt einfach nicht von zu Hause weg, ständig fällt ihm noch etwas ein, das er vorher noch machen muss oder was er noch mitnehmen will.
- *Sie* ist eher ein dominanter Typ und will die Dinge im Griff haben. *Er* will sich eher in gegebene Strukturen einordnen und nicht so gerne auffallen.
- *Er* zeigt schnell aggressive Reaktionen und setzt sich ständig in Konfrontation zur Umwelt. *Sie* ist eher bereit, das Leben so zu nehmen, wie es eben kommt.
- *Sie* ist eher grüblerisch und sieht in allem ein Problem oder eine Gefahr oder weiß etwas zu kritisieren. *Er* ist eher heiter und gelassen und freut sich am Leben, so wie es sich ihm anbietet.
- *Er* ist eher leistungsorientiert und fühlt sich nur wohl, wenn er Erfolge sehen kann. *Sie* ist eher ein Genießertyp.

Verschiedenartigkeit ist immer Gefahr und Chance. Sie kann einerseits zum Anlass für Streit und Konflikte werden, andererseits zur Chance, um zu reifen und zu wachsen.

Ein ordentlicher Mann ärgert sich über die Unordnung seiner Frau (oder umgekehrt). Das Chaos des anderen kann eine Anfrage zu einer veränderten Sichtweise auf das Leben werden. Denn Ordentliche können in dem Trugschluss leben, das Leben sei nur gut, wenn alles ordentlich ist. Wie erfrischend und horizonterweiternd kann es sein, wenn da jemand ist, der das Leben spontaner und ungezwungener sieht. Wie hilfreich kann es sein, wenn ich lernen kann, dass ich mich nicht blamiere, wenn es mal unordentlich ist. Mein Wert hängt nicht von der Ordnung ab.

Umgekehrt können Unordentliche durch Ordentlichere lernen, mehr System, mehr innere Harmonie in ihr Leben zu bringen. Sie können lernen, dass das Leben manchmal auch angenehmer ist, wenn man seine Sachen wiederfindet. Sie können lernen, sich an Aufgeräumtem zu freuen, und einen Sinn für Ästhetik und echte Schönheit zu entwickeln.

Die österreichische Psychologin Anneliese Fuchs schreibt dazu: »Am Ehepartner fällt einem ja gerade das auf und macht unruhig, aggressiv oder depressiv, was man selbst im eigenen Leben noch nicht bewältigt hat. Der Ehepartner ist wie ein Spiegel, indem man seine eigenen guten Seiten sehen kann, ebenso seine schlechten, die man lieber verbergen möchte. Jeder Mensch – auch wenn er es nicht glauben will – hat den Partner, den er verdient ... Jeder ist unbewusst auf jenen Menschen zugegangen, mit dem ihn viele Gemeinsamkeiten verbinden, andererseits auch genau jene Seiten zeigt, die in einem selbst unfertig und unreif sind, brachliegen und entwickelt werden müssen. Diesem unentwickelten Teil in sich kann man nicht entkommen.«[83]

Wie geschieht Reifung durch den anderen? Statt mich zu ärgern und unzufrieden zu werden, kann ich meine spontanen Reaktionen stoppen, innehalten, darüber nachdenken, in welcher Weise der Partner mir gerade *jetzt* zur Herausforderung werden kann, was ich gerade *jetzt* durch ihn lernen kann. So entsteht eine neue Dynamik in mir. Denn die Andersartigkeit meines Gegenübers ist immer auch eine Anfrage an mich selbst und *meinen* Lebensstil, eine Anfrage an *meine* Reaktionen, *mein* Denken und Reden, eine Anfrage an meinen Egoismus oder meine Selbstgerechtigkeit.

Darin erschließen sich mir Chancen und neue Horizonte. An den Stellen, wo ich mich über meinen Mann oder meine Frau ärgere, brauche ich möglicherweise Heilung oder Reifung. Konflikte miteinander berühren oft alte Verwundungen. Darum endet Streit häufig emotional. Es kann sehr hilfreich sein, ärgerlichen oder wütenden Reaktionen auf den Grund zu gehen und sich zu hinterfragen, was denn durch diese aktuelle Auseinandersetzung in der Tiefe der Seele angerührt wurde. Vielleicht provoziert und weckt die Andersartigkeit des Ehepartners Bereiche in mir, die ich versteckt oder verdrängt habe. Vielleicht ist da Verborgenes, das ich zulassen sollte, möglicherweise auch Schmerzliches aus der Vergangenheit, das geheilt werden muss.

Genau darin steckt die Chance der Ehe: einander zur Hilfe zu werden, miteinander zu wachsen und zu reifen.

Mich hat im Physikunterricht einmal ein Experiment sehr fasziniert. Es ist mir immer wieder auch zum Bild für Ehe vor Gott geworden. Unser Physiklehrer baute ein elektrisches Feld auf. Um die elektrische

Spannung sichtbar zu machen, nahm er feine Me-
tallspäne, blies diese über ein weißes Papier und leg-
te dieses zwischen die beiden Pole. Die Metallspäne
sortierten sich zu einem wunderschönen Muster. Die
elektrische Spannung wurde sichtbar und entfaltete
sich als Schönheit. Eine Ehe ist wie ein solches Span-
nungsfeld. Zwei unterschiedlich geprägte und geform-
te Menschen begegnen sich, zwischen ihnen entsteht
dadurch ein dicht gefülltes, interessantes, aber auch
spannungsvolles Beziehungsnetz. Die Gegensätzlich-
keit gestaltet sich.

Wir sind verschieden, aber gleichwertig. Wir sehen und
erleben die Welt aus unterschiedlichen Blickwinkeln und
Prägungen, aber wir können durch einen Perspektivwech-
sel und den Mut zur Einfühlung in die andersartige Erfah-
rungswelt des Partners bereichert werden.

Dankbarkeit

Bei der Trauung versprechen wir (im Wortlaut einiger
Trauliturgien) einander, uns »als Gabe Gottes zu ehren
und zu lieben«. Aber Geschenke, Gaben sind eben oft anders, als wir es uns selbst aussuchen oder kaufen würden.
Ein Geschenk bekommen wir zugeeignet. Das Geschenk
des Ehepartners ist uns von höchster Instanz zugedacht.
Und darin besteht ein tiefer Sinn.

Wenn wir lernen, den Partner als Zueignung von Gott
zu sehen, dann werden wir mehr und mehr begreifen, warum Gott uns genau diesen und keinen anderen Menschen
zu Seite gestellt hat: Der, der in manchen Dingen so ganz

anders als ich ist, ergänzt mich in hervorragender Weise. Durch ihn lerne ich das, was ich nicht kann. Gerade auch die Ent-*Täuschungen* sind heilsam für mein Leben, weil sie mir Täuschungen aufdecken und falsche Vorstellungen nehmen. Am anderen lerne ich meine Schwachstellen kennen und kann durch seine Andersartigkeit ergänzt werden. Das, was mich jetzt vielleicht noch aufregt, ist das, woran ich letztlich als Mensch reife und wachse. Wie gut, dass ich ihn habe. Ich danke Gott dafür.

In der Erziehung

Die notwendige Ergänzung von Vater und Mutter

Kinder brauchen Vater und Mutter. Sie brauchen die Erfahrung des Miteinanders von Mann und Frau, das Erlebnis der Ergänzung von Vater und Mutter im alltäglichen Miteinander. Sie brauchen die unterschiedliche Betrachtungsweise der Welt aus der väterlichen und mütterlichen Sicht.

Die Bedeutung einer Mutter für ein Kind liegt in erster Linie darin, dass sie ihm Leben schenkt und ermöglicht und dies dann absichert und schützt. Sie schenkt dem Kind die nötige Geborgenheit.[84]

Der Vater dagegen steht in der Regel mehr für die Außengestaltung. Er ermutigt Kinder, die Welt zu erobern. Väter sind risikofreudiger, sorgloser und gehen weniger ängstlich mit Kindern um. Sie unterstützen die Unternehmungslust eines Kindes. In den Spiel- und Freizeitaktivitäten legen Männer einen stärkeren Akzent auf Motorik und Körper.[85] Mannsein steht immer auch für Risiko und Wagnis, für Kraft und Eroberung, Kämpfen und Freiheit.

Wenn Frauen in der Familie entweder durch ihre Machtansprüche auf die Kinder oder durch ihre Sorgen oder Ängste, durch ihre eher bewahrende und umsorgende Art Väter daran hindern, mit den Kinder in ihrer männlichen Art umzugehen, werden den Kindern wesentliche Erfahrungsbereiche vorenthalten.

Väter erschließen den Kindern die Welt auf ihre Weise. Sie zeigen ihnen, dass es sich lohnt, etwas zu wagen, ein Risiko einzugehen, neues Terrain zu eröffnen, Fremdes zu erobern, in die Welt hinauszugehen und ein Abenteuer zu erleben.

Väter haben oft verrückte Ideen, mit Kindern Projekte zu planen: mitten im Haus eine Baustelle errichten; ein Tonstudio im Esszimmer oder ein Chemielabor im Badezimmer aufbauen; einen Anbau oder ein Baumhaus bauen; das ganze Haus verkabeln; im Wohnzimmer eine Eisenbahn aufbauen; im Keller ein Loch graben; mit Kleinkindern zelten; im Winter eine Nachtwanderung machen.

Mütter ärgern sich oft über die dabei entstehende Unordnung und den Schmutz oder machen sich Sorgen über die Leichtsinnigkeit. Aber ohne solche Erfahrungen lernen Kinder nicht, was man mit Mut und Wagnis zustande bringen kann, wie man die Welt verändern kann und welch wichtige Erfahrungen dabei gemacht werden können.

Väter können Kindern zeigen, wie man positiv mit Kraft und Macht umgehen kann und wo die Grenzen sind. Väter sind wesentlich daran beteiligt, dass Kinder Gehorsam lernen. Mitscherlich formuliert es so: »Es gibt keinen Ersatz für die Vaterbeziehung. Der kindliche Wettstreit mit dem Vater führt zur Verinnerlichung seiner Wertorientierung im Gewissen.«[86]

Väter helfen Jungen und Mädchen wesentlich, zu ihrer sexuellen Identität zu finden. Wenn sie ihr Mannsein in guter und positiver Weise vorleben, wenn sie zeigen, wie man würdevoll mit einer Frau redet und umgeht, werden sie für die Heranwachsenden zu Identifikationsfiguren: Der Junge möchte so werden wie er. Das Mädchen wünscht sich einen Ehepartner, der so ähnlich wie der Vater sein soll.

An der Mutter lernen Kinder andere Qualitäten: Menschen willkommen heißen zu können, sie einladen zur Echtheit, ihnen zu helfen, dass sie ihre Potenziale und Möglichkeiten entdecken und entfalten können. Von der

Mutter werden sie ermutigt, mit Gefühlen offen umzugehen und diese zuzulassen. Sie erfahren, wie emotionale Unterstützung gegeben wird und wie eine liebevolle und vertraute Atmosphäre entstehen kann.

Kinder brauchen Vater *und* Mutter.

Wo Männer in Familien fehlen (aufgrund von Scheidung, Tod oder weil sie von den Müttern hinausgedrängt werden), fehlen Kindern die männlichen Identifikationsfiguren. Den Jungen fehlt die Orientierung an einem greifbaren und erlebbaren Mann. Deswegen müssen sie auf Bilder aus den Medien oder auf Erfahrungen mit Gleichaltrigen in einer Clique zurückgreifen. Die Zunahme von Extremismus, Sucht und auch von Homosexualität hat unter anderem mit den fehlenden Vätern zu tun. Viele Täter in rechtsradikalen Szenen sind Söhne alleinerziehender Mütter.[87]

Den Mädchen ohne Vater fehlt dagegen der männliche Schutz, der väterliche Bewunderer, der einer Heranwachsenden hilft, sich sicher und geliebt zu fühlen, ohne sich gleich beim nächstbesten Verehrer Anerkennung, Geborgenheit und Zärtlichkeit holen zu müssen. »Bleibt der Vater distanziert, kann in ihr das Gefühl entstehen, als Frau nicht begehrenswert oder minderwertig zu sein.«[88] Der Vater hat an der Entwicklung seiner Tochter einen sehr wichtigen Anteil.

Die Beziehung der Tochter zur Mutter ist anders als die zum Vater, denn durch die Mutter lernt die Tochter das Frausein und die weibliche Seite der Welt. Mithilfe des Vaters lernt sie die männliche Seite dieser Welt kennen.

Wenn der Vater der Mutter Bestätigung gibt und sie als Frau annimmt und liebt, hilft er gerade dadurch auch der Tochter, zu ihrem Frausein, zu ihrem Körper, zu ihrem Aussehen und zu ihrem Charakter Ja sagen zu lernen.

Eine gute Vater-Kind-Beziehung entlastet auch die Mutter in ihrer Verantwortung. Es ist hilfreich, wenn eine Mutter weiß, dass sie nicht für alles zuständig und verantwortlich ist. Sie erlebt dadurch auch Freiheit und Unterstützung in ihrem Umgang mit den Kindern.

Väter treiben sowohl die kognitive als auch die motorische Entwicklung der Kinder und die Ablösung von zu Hause voran. Kinder ohne Väter bleiben länger auf Entwicklungsstufen stehen, die ihrem Alter nicht mehr entsprechen, und bleiben enger gebunden.[89] Ein Vater unterstützt ein Kind bei dem Versuch, sich ohne Angst und Schuldgefühle aus der engen Bindung an die Mutter zu lösen. Er lebt ihm vor, dass sich Selbstständigkeit gegenüber der Mutter und Liebe zu ihr nicht ausschließen müssen.

Wenn der Vater fehlt, ist die Mutter oft überfordert und kann wiederum die mütterlichen Seiten nicht so leben, wie es für ein Kind gut wäre.[90]

Persönliche Nebenbemerkung: Die Forschungsergebnisse sind natürlich richtig. Ich möchte jedoch an dieser Stelle ausdrücklich betonen, dass dies nicht bedeutet, dass Kinder einer alleinerziehenden Mutter ausnahmslos in der Entwicklung zurückbleiben oder bindungsunfähig werden. Viele alleinerziehende Mütter (und Väter) leisten einen tollen »Job« in der Betreuung und Erziehung ihrer Kinder. Meist gelingt es diesen Müttern, ihren Kindern ein männliches Gegenüber in der näheren Verwandtschaft oder im Freundeskreis zu bieten. Ein Onkel, Großvater oder väterlicher Freund können viel ausgleichen.

Vater und Mutter als Gottesbild

Am Vater- und Muttersein prägt sich die Gottesvorstellung. Wir beten im Vaterunser zum »Vater im Himmel«. Aber es gibt auch Stellen, die Gott als Mutter zeigen: »*Ich will euch trösten, wie einen seine Mutter tröstet*« (Jesaja 66,13). Gottes Barmherzigkeit wird mit dem Bild des Mutterschoßes beschrieben. Wo in den Psalmen von Gottes »Barmherzigkeit« oder »Erbarmen« die Rede ist, steht im hebräischen Urtext das Wort *rachamim*. Dies wird von *rachem* (Mutterschoß) hergeleitet. In Lukas 16,22 wird der arme Lazarus nach seinem Tod von den Engeln in den Schoß Abrahams getragen – in das Erbarmen Gottes. Die suchende Liebe Gottes wird verglichen mit der Mutterliebe: »*Kann auch eine Frau ihr Kindlein vergessen?*« (Jesaja 49,14).

Im biblischen Gleichnis vom verlorenen Sohn wird von einem Vater erzählt, der freigeben und loslassen kann. Diese Freiheit ermöglicht es dem Sohn später, an seinem persönlichen Tiefpunkt zurückzukehren.

Hiob wird als ein Vater beschrieben, der vor Menschen für Gott und vor Gott für Menschen eintritt (Hiob 1,5). Väter haben einen geistlichen Auftrag in der Familie – sie sollen orientiert am Vater im Himmel das eigene Vatersein leben.

An anderen Stellen wird Gott als der gezeigt, der uns satt machen und unsere Seele stillen kann, wie es ein Kind an der Mutterbrust erlebt. Die Zufriedenheit, die bei einem Kind nach dem Stillen einkehrt, wird zum Bild dafür, wie Gott die Seele still und zufrieden machen kann. »*Fürwahr, meine Seele ist still und ruhig geworden wie ein kleines Kind bei seiner Mutter ...*« (Psalm 131,2).

Der Segen Jakobs endet mit der väterlichen und mütterlichen Beschreibung des Segnens Gottes: »*Von deines Vaters Gott werde dir geholfen, und von dem Allmächtigen seist du gesegnet mit Segen oben vom Himmel herab, mit Segen von der Flut, die drunten liegt, mit Segen der Brüste und des Mutterleibes*« (1. Mose 49,25).

Jesus gebraucht auch mütterliche Bilder in der Beschreibung von Gefühlen im Blick auf die kommenden Zeiten. In den Abschiedsreden vergleicht er die Ängste von Menschen mit der Angst einer Frau in den Wehen (Johannes 16,21).

All die genannten Bezüge machen deutlich, dass bei Gott beides gleichermaßen wichtig ist: das Mütterliche und Väterliche. Vor Gott gelebte und entfaltete Weiblichkeit und Männlichkeit hilft Kindern, sich ihrer eigenen Identität sicher zu werden und ihren Platz in der Welt zu finden.

Gerade darum ist auch das gemeinsam gestaltete Miteinander von Mann und Frau so wichtig. Denn dies entwickelt eine prägende Kraft, die Kindern dazu verhilft, eigene innere orientierende Bilder vom Mann- und Frausein zu entwickeln.

 Bibel und Ehe

Das Eheprinzip der Bibel – verlassen, anhangen, eins sein

Schon im Schöpfungsbericht, also noch vor dem Sündenfall, wird uns eine Hilfestellung an die Hand gegeben, wie Ehe gestaltet werden soll, was sozusagen die Voraussetzung dafür ist, dass Ehe gelingt: »*Darum wird ein Mann seinen Vater und seine Mutter verlassen und seiner Frau anhangen, und sie werden ein Fleisch* (eine Einheit) *sein*« (1. Mose 2,24).

Hier wird von einem Dreiklang gesprochen (verlassen, anhangen, eins werden), dessen Bedeutung auch aus psychologischer Sicht für das Gelingen einer Ehe ausgesprochen wichtig ist.

Verlassen

In diesem Text wird nur vom Verlassen vonseiten des Mannes gesprochen, weil es in der damaligen Kultur selbstverständlich war, dass die Frau ihr Elternhaus verließ und zu ihrem Mann zog. Darum muss der Mann hier in besonderer Weise auf das Verlassen hingewiesen werden. Heute gilt dies für beide. Das Verlassen der Eltern ist unabdingbare Voraussetzung dafür, dass Ehe gelingt.

Verlassen meint, dass der Ehepartner zur wichtigsten Bezugsperson werden soll, wichtiger als Eltern und spätere Kinder. Mann und Frau gehören enger zueinander als zu irgendeinem anderen Menschen auf dieser Welt.

Dieses Verlassen gehört zum Erwachsenwerden dazu. Obwohl Jesus nie geheiratet hat, hat auch er seine Mutter verlassen und einen klaren Schnitt in seinem Verhältnis zu ihr vollzogen. Er hat sich von ihr klar abgegrenzt (Johannes 2,1-11; Matthäus 12,46ff.; Markus 3,34 ff.).

Viele Männer (und Frauen) meinen, sie dürften sich nicht von ihren Eltern trennen, und – indem sie es dann nicht tun – begehen sie damit einen großen Fehler. Sie missverstehen das Gebot der Elternehrung als Verpflichtung zum Gehorsam gegenüber den Eltern. Eltern zu ehren, heißt aber für erwachsene Kinder keinesfalls, den

Eltern gehorchen zu müssen. Ehren heißt, sie zu würdigen und zu achten. Als Erwachsene sind wir immer an erster Stelle Gott zu Gehorsam verpflichtet und nicht den Eltern. Die Eltern dürfen auf keinen Fall den ersten Platz im Herzen und in der inneren Verpflichtung einnehmen. Denn daran nimmt jede Ehe Schaden. Sehr häufig begegnet mir diese Problematik in der Seelsorge.

Verlassen bedeutet:

- Wir gehören zum Ehepartner und sollten uns klar auf seine Seite stellen, ihm die erste Priorität einräumen. Viele Männer geben immer noch der Mutter den ersten Platz. Wenn sie in der Nähe wohnen, gehen sie nach der Arbeit zuerst zur Mutter, um sich dort ihr Lieblingsessen servieren zu lassen oder die Zeitung zu lesen. Das widerspricht der biblischen Anweisung zur Ehe.
- Die Erwartungen der Eltern dürfen wir hinter uns lassen. Die Eltern können starken emotionalen Druck ausüben, indem sie Dankbarkeit erwarten oder ihrem eigenen Leben durch die Lebensentwürfe von Kindern und Enkeln Sinn geben wollen.
- Wir sollten immer Partei für den Ehepartner ergreifen, gerade auch dann, wenn die Eltern negative Bemerkungen über den Ehepartner fallen lassen.
- Wir sagen Ja zur gemeinsamen Zukunft, auch wenn die eigene Frau so ganz anders kocht wie die Mutter oder wenn der Mann sein Mannsein anders lebt als der Vater.
- Wir lernen es aushalten, dass Eltern mir nicht beipflichten und manche Missverständnisse nicht zu klären sind.

Verlassen trägt zur persönlichen Reifung bei: Ich mute sowohl mir als auch meinen Eltern neue Wege zu, die letztlich für alle Seiten besser und klarer sind. Darin gewinne ich Profil und Klarheit.

Verlassen ist oft von Schuldgefühlen begleitet, denn die Eltern signalisieren möglicherweise, dass sie darunter leiden oder dass es ihnen damit schlecht geht. Da das Verlassen ein Gebot Gottes ist und keine Sünde, sind solche Schuldgefühle jedoch falsch.

Das Verlassen soll darin münden, dass wir

- zum inneren Frieden mit der Vergangenheit gekommen sind. Die Vergangenheit muss meine Gegenwart nicht mehr schmerzvoll prägen und bestimmen. Auch alte Reaktionsmuster können abgeschlossen werden und müssen mich nicht ständig einholen: Ich reagiere nicht mehr so, als ob ich noch das Kind meiner Eltern wäre;
- Ja sagen zu Gottes Prägungsweg und zu den neuen Möglichkeiten, als erwachsener Mensch zu reagieren, zu handeln und zu fühlen.

Eltern müssen das Loslassen lernen und sich zurücknehmen. Das kann man am Beispiel von Maria in ihrem Verhältnis zu Jesus lernen. Sie nimmt sich aus der Szene heraus, tritt von der »Bühne« ab und überlässt Jesus den Wirkungsort. Sie sagt bei der Hochzeit zu Kana zu den anwesenden Dienern: »*Was er euch sagt, das tut*« (Johannes 2,5). Sie signalisiert damit auch, dass es sie nichts mehr angeht.

Dieses Akzeptieren der Eigenständigkeit der Kinder müssen alle Eltern irgendwann lernen. Maria ist darin ein gutes Vorbild.

Damit wird der Weg frei für ein positives Miteinander – sowohl für die Ehe der Kinder als auch für die der Eltern.

Anhangen

Das Anhangen meint von seiner hebräischen Wortbedeutung her: fest miteinander verbunden sein, untrennbar zusammengehören wie zwei Papierseiten, die miteinander verklebt wurden. Sie sind nicht mehr voneinander zu lösen, ohne Schaden zu nehmen.

Das bedeutet, dass zwischen den beiden nichts mehr stehen soll. Dritte Personen sind aus solch einer Beziehung ausgeschlossen.

Anhangen ist im Tiefsten eine Beschreibung von Treue und Zugehörigkeit und meint: sich einander zuzuordnen, beieinander zu bleiben, die Zusammengehörigkeit zu gestalten.

Als Jesus von den Pharisäern auf das Thema Scheidung angesprochen wird, zitiert er genau diese Stelle aus der Schöpfungsgeschichte. Als dann der Scheidebrief des Mose als Pro-Argument von den Pharisäern herangezogen wird, sagt Jesus: *»Von Anfang an aber ist's nicht so gewesen«* (Matthäus 19,8). Der Scheidebrief ist eine Notlösung aufgrund der menschlichen Hartherzigkeit. Scheidung beginnt in Gedanken, Gedanken werden zu Gefühlen und verleiten uns zu falschen Worten und Handlungen. Deshalb ist die Rückbesinnung auf den Ursprung, den Urgedanken Gottes hilfreich.

Wenn jedoch die Zusammengehörigkeit nicht mehr infrage gestellt wird, dann ist die Konfliktlösung einfacher, denn es gibt keine Hintertür, aus der ich im Notfall fliehen kann.

Jesus stellt das »Anhangen« in den Rahmen des Verhaltens Gottes zu uns. Gott ist treu und liebt uns leidenschaftlich. Wenn wir unsere Herzen dafür öffnen, wenn Gott in uns Raum gewinnen darf, dann kann seine Treue uns neue Gedanken füreinander schenken und sein mütterliches Erbarmen unsere Gefühle verwandeln.

Anhangen konkretisiert sich dann in folgendem Verhalten:

- Wir gehen in Respekt mit und in der Ehrfurcht vor dem Partner, der von Gott geschaffen, gewürdigt und geliebt ist, miteinander um: Wir fallen einander niemals in den Rücken, reden in der Öffentlichkeit nicht schlecht vom anderen oder reißen Witze über ihn.
- Wir sagen Ja zum anderen, wie er ist, auch mit allen Fehlern und mit allen unerfüllten Erwartungen. Wir versuchen darum Nörgeln und Kritisieren zu vermeiden.
- Wir setzen unsere Fantasie ein, um dem anderen eine Freude zu machen. Dazu gehört, dass wir einander kennen, Wünsche, Sehnsüchte, Bedürfnisse und Ängste thematisieren, ehrlich voreinander werden und auf die Wünsche des Ehepartners eingehen.
- Wir treffen die Entscheidung, in jedem Fall beieinander zu bleiben und bei Schwierigkeiten zu einer guten Lösung finden zu wollen.

Eins werden (ein Fleisch sein)

Das Einswerden von Mann und Frau wurzelt im Ursprung von Mann und Frau: Sie sind aus einer Einheit heraus geschaffen. Gott baute eine Frau aus der Rippe, die er von dem Menschen nahm, und brachte die Frau zu ihm (1. Mose 2,22f.). Mann und Frau haben denselben Ursprung. Da sprach der Mensch (hebr.: *adam*): »*Das ist doch Bein von meinem Bein und Fleisch von meinem Fleisch; man wird sie Männin* (hebr.: ischa) *nennen, weil sie vom Mann* (hebr.: isch) *genommen ist.*«

Wie ein Brautführer führt Gott dem Adam die Frau zu. Entsprechend freudig erregt reagiert Adam. In dem Moment, als er die Frau erkennt, wird der Mensch, genauer der »Erdling« (*adam* von *adama* = Erde) zum Mann (*isch*). Gott schafft nicht nur zwei Wesen, zwei Geschlechter, sondern auch die Beziehung zueinander, die sexuelle Vereinigung. Was für eine Begeisterung da aus Adam herausbricht. In jeder Ehe, in der man Sexualität als Geschenk annimmt, sich aneinander freut, einander ergänzt, wird dieser Schöpfungsjubel immer neu laut. Und zugleich ist es ein Geheimnis, das nicht in Worte zu fassen ist.

Im Verhältnis von Adam zu den Tieren drückt sich eine Herrschaftsbeziehung aus. Er gibt den Tieren Namen. Bei der Frau ist es anders, sie kann Adam nur von sich her benennen, er spürt die Ähnlichkeit: »Bein von meinem Bein ...« Adam steht nach der Schöpfungsgeschichte nicht in einer Herrschaftsbeziehung zur Frau, sondern in einer Einheit mit ihr. Schon in der Wortwahl (Mann = *isch* und Männin = *ischa)* wird dies deutlich. Beide sind aus demselben Stoff. Nach dem Bild Gottes sind sie aufeinander und füreinander geschaffen. Damit sind sie miteinander die Krönung der Schöpfung und in ihrer Ebenbildlichkeit zur Einheit vor Gott und zur gegenseitigen Ergänzung gerufen.

Im Einswerden, gerade auch in der sexuellen Vereinigung entsteht ein Raum der Gegenwart Gottes, ein heiliger Raum. Ein Raum, in dem in tiefer Weise erfahren wird, wie Gott für uns ist und wie wir darauf antworten können: sich hingeben und fallen lassen und darin immer wieder aufs Neue beschenkt werden. Paulus sagt, dass die Ehe ein großes Geheimnis und ein Hinweis auf die Beziehung zwischen Gott und Mensch ist (Epheser 5,32). Das führt immer wieder zum Staunen und zur Freude und macht deutlich, wie wichtig es ist, mit diesem kostbaren Geschenk verantwortungsvoll umzugehen.

Wenn Sexualität von dieser Erfahrung des gegenseitigen Beschenkens abgespalten und zum Hobby oder Lustsport degradiert wird, verkommt sie zu einem kurzzeitigen Lusterlebnis, das in der Tiefe der Seele ein schales Gefühl zurücklässt. Die wirkliche Hingabe fehlt. Dies ist vor allem in häufig wechselnden Partnerschaften der Fall. Das Aufeinander-bezogen-Sein, das einander Ergänzen und sich gegenseitig ganzheitlich Beschenken, fehlt. So wird die sexuelle Begegnung für Mann und Frau auf Dauer unbefriedigend. Es fehlt die Tiefendimension in der Begegnung.

Genau darum ermahnt Paulus in 1. Korinther 6,16: »*Wer sich an die Hure hängt, ist ein Leib mit ihr*«, und in Vers 18: »*… wer aber Hurerei treibt, der sündigt am eigenen Leib.*«

Jesus erklärt in Matthäus 19,6: »*So sind sie nun nicht mehr zwei, sondern ein Fleisch. Was nun Gott zusammengefügt hat, das soll der Mensch nicht scheiden.*« Ähnlich eindringlich wird im (nach biblischer Zählung) 7. Gebot »*Du sollst nicht ehebrechen*« (2. Mose 20,14) auf die Wichtigkeit dieser Einheit vor Gott hingewiesen.

Eins werden miteinander – nicht nur im sexuellen Bereich, sondern auch im ganzen Lebensmiteinander – macht etwas deutlich von der Größe Gottes, von seiner Zugewandtheit und Barmherzigkeit, von seiner Freude an

Gefühlen und Begeisterung. Die gemeinsam erlebte Sexualität ist somit immer auch ein Zeichen für Gottes Liebe, für sein Handeln an uns und für uns: Er kann die Seele glücklich, satt, still und zufrieden machen.

Doch die Erfahrungen im sexuellen Miteinander sind nicht immer befriedigend. Je negativer die Erfahrungen auf diesem Gebiet in der Kindheit und Jugend waren, desto schwieriger kann die Gestaltung der Sexualität in der Ehe sein. Wo Missbrauch, Vergewaltigung oder Abtreibung vorkamen, ist oft eine Blockade. Wenn dann kein Verständnis und keine Hilfe verfügbar ist, kann der Ort, der von Gott als Raum des Beschenkens gedacht war, zum Ort der tiefen Frustration und Angst werden. In so einem Fall brauchen beide Partner professionelle Hilfe.

Aber auch im »normalen« Ehealltag kann die Gestaltung der Sexualität eine ziemliche Herausforderung sein.

Es ist wichtig, darum Grundlegendes darüber zu wissen.

- Die Erregungsbereitschaft ist bei der Frau auch zyklusabhängig. Um den Eisprung herum ist diese stärker als kurz vor oder kurz nach der Periode. Es ist gut, wenn ein Mann das weiß und sich darauf einstellt, dass er zu bestimmten Zeiten mit seiner Frau mehr Geduld haben muss.
- Die wichtigste erogene Zone der Frau ist ihr Herz! Sie will umworben werden, auch schon am Morgen. Es kann tatsächlich hilfreich sein, wenn ein Mann seiner Frau immer wieder sagt: »Ich liebe dich.« Das wertet eine Frau auf und gibt ihr ein Gefühl von Besonderheit und Einmaligkeit. Andernfalls kann es sein, dass eine Frau das Gefühl hat, nur Objekt der

Begierde zu sein, das zur Befriedigung des Mannes herhalten muss.

- Es ist wichtig, über Sexualität zu reden: »Was gefällt dir? Wo magst du Berührungen und wo nicht?« Wir sollten uns nicht schämen, über Dinge zu reden, die Gott sich nicht geschämt hat zu erschaffen.

Frauen erleben sexuelle Erregung langsamer, stetiger ansteigend und länger anhaltend als der Mann. Der Vergleich vom Kohlefeuer und Strohfeuer trifft es ziemlich gut. So wie ein Kohlefeuer Zeit braucht, um zu brennen, muss ein Mann manchmal einiges an Geduld für seine Frau aufbringen. Brennt das Feuer dann aber, geht es so schnell auch nicht wieder aus – im Gegensatz zum Strohfeuer.

Genau darin besteht die Herausforderung in der sexuellen Begegnung. Ein Mann kann lernen, seinen Orgasmus zu steuern und auf die Frau zu warten. Wenn ein Mann auf seine Frau achtet und Rücksicht auf ihr Tempo nimmt, wird er eine Erweiterung seiner eigenen Gefühle in der Sexualität erleben. Dann wird die Variationsbreite der Empfindungen für einen Mann um ein Vielfaches steigen. Er wird Anteil haben an dem Reichtum der Gefühle *in* seiner Frau und selbst dadurch beschenkt werden. Umgekehrt kann die Frau durch die Hingabe ihres Mannes lernen, im Lauf der Zeit schneller und intensiver erregt zu werden, als sie es am Anfang der Ehe vielleicht erlebt hat.

Wenn ein Mann nicht fähig oder bereit dazu ist, sich auf die Andersartigkeit im sexuellen Empfinden der Frau einzulassen, kann es sein, dass die Frau Sexualität als lästig und nicht erfüllend erlebt. Der Mann kommt zum Höhepunkt – aber sie nicht. Je mehr sich das einspielt, desto frustrierender ist es für die Frau und desto egozentrischer wird die Sexualität vom Mann erlebt. Das erklärt auch die gerade in solchen Situationen häufig auftretende weibliche Frigidität (Unfähigkeit, sexuelle Erregung zu erleben und zu genießen).

Frauen haben ihrerseits auch Verantwortung dafür, dass das sexuelle Miteinander gelingt. Denn auch für Männer kann es schwierig oder demütigend sein: Zum Beispiel, wenn sie unter Erektionsstörungen oder frühzeitigem Samenerguss leiden. Heute gibt es dafür gute medizinische und therapeutische Hilfen. Der Anteil der Frau für ein positives Miteinander in dieser Situation ist dabei aber nicht zu unterschätzen.

Dazu gehört vor allem die Achtung vor ihrem Mann. Niemals darf eine Frau sich über ihren Mann im sexuellen Miteinander lächerlich machen, ihn demütigen oder bedrängen. Das verstärkt die vorliegende Problematik.

Weiter ist wichtig, dass die Frau auf ihren eigenen Körper achtet, ihn nicht vernachlässigt, sondern ihn als ein Ort der einladenden Begegnung für ihren Mann ansieht. Ein Mann fühlt sich aufgewertet dadurch, dass seine Frau sich für ihn schön macht.

Wenn beide sich in ihrer Andersartigkeit wie auf ein spannendes Abenteuer oder eine gemeinsame Wanderung aufeinander einstellen, dann kann die Sexualität für beide zum Ort der Gotteserfahrung werden: sich fallen lassen dürfen, sich angstfrei und schamfrei freuen, den Reichtum an Gefühlen genießen, einander dankbar empfangen.

Das gegenseitige Nehmen und Geben erreicht in der Sexualität zwischen Mann und Frau seine tiefste Dimension und gehört somit zu den größten und schönsten Geheimnissen der Schöpfung Gottes.

Die Frau – eine Gehilfin?

In 1. Mose 2,18 sagt Gott: »*Es ist nicht gut, dass der Mensch allein sei. Ich will ihm eine Gehilfin machen, die um ihn sei.*«

Leider wurde dieses Wort oft im Sinne von *Handlangerin* oder *Dienerin* des Mannes missverstanden. Der Mann tut das eigentlich Wichtige und die Frau ergänzt. Der Mann bestimmt oder befiehlt. Die Frau tut, was er sagt. Sie hilft.

Im hebräischen Urtext meint »Gehilfin« jedoch etwas ganz anderes. Es leitet sich von einem Wort her, das an anderen Stellen für das Helfen Gottes verwendet wird, zum Beispiel in Psalm 25,5: »*Du bist der Gott, der mir hilft.*« (Vergleiche auch 5. Mose 33,26 oder Psalm 33,20.) »Hilfe« meint in diesem Sinn viel mehr als Beistand geben. Es bedeutet die Ermöglichung des Lebens, Bewahrung und Geborgenheit zum Überleben. Von diesem Wortsinn her schafft die Frau als »Gehilfin« einen Rettungs- und Schutzraum.

Dies gilt gerade auch in der Beziehung zum Mann. Konkret wird es darin, dass Frauen intensiv wahrnehmen können, was Menschen bewegt. Ihre Intuition befähigt sie, in besonderer Weise in der Hingabe an andere Menschen – in erster Linie an ihren Mann – zu leben: Fürsorge, Pflege, Gutes tun, Freude machen und helfen. Fast alle Frauen tun dies gerne. Sie können im Unterbewussten von Menschen lesen, erspüren oft die Sorgen und Lasten, die ein Mensch mitbringt, erfassen etwas von der Vergangenheit, der Gefährdung oder auch der Schuld eines Menschen.

Mit ihrer körperlichen und emotionalen Ausstattung sind Frauen dazu befähigt, zu schützen und zu bergen, den emotionalen Bereich zu gestalten und zu leben. Mit ihrer Gabe der Beziehungsgestaltung können sie auf Menschen eingehen, sie führen und prägen.

Ihre besondere Stärke zur Gesprächsgestaltung kann anderen Menschen Räume eröffnen, in denen sie sich fallen lassen können. Die komplexe Wahrnehmung und Denkweise hilft, den vielfältigen und vielschichtigen Alltag einer Familie zu bewältigen. Die Frau als »Gehilfin« ist somit Ausdruck ihrer Würde vor Gott. Im Auftrag Gottes soll sie »Helferin des Lebens« sein.

Das Geheimnis der Unterordnung (Epheser 5,21-33)

Ein Text, der das Geheimnis der Ehebeziehung in ganz besonderer Weise thematisiert, steht in Epheser 5[91]. Es ist ein vielfach missverstandener Text, weil er oft nicht genau gelesen wird. Einzelne Verse werden aus dem Zusammenhang gerissen und dann missdeutet. Wie oft wurden und werden die Verse von der Unterordnung der Frau herangezogen, um männliche Herrschaftsansprüche geltend zu machen und Frauen zu unterdrücken. Doch damit wird man diesem Text in keiner Weise gerecht. Er entfaltet seine Dynamik erst in der Gesamtschau und wird darin für beide – Mann und Frau – zu einer großen Herausforderung.

»Ordnet euch einander unter in der Furcht Christi. Ihr Frauen, ordnet euch euren Männern unter wie dem Herrn. Denn der Mann ist das Haupt der Frau, wie auch Christus das Haupt der Gemeinde ist, die er als seinen Leib erlöst hat. Aber wie nun

die Gemeinde sich Christus unterordnet, so sollen sich auch die Frauen ihren Männern unterordnen in allen Dingen.

Ihr Männer, liebt eure Frauen, wie auch Christus die Gemeinde geliebt hat und hat sich selbst für sie dahingegeben, um sie zu heiligen. Er hat sie gereinigt durch das Wasserbad im Wort, damit er sie vor sich stelle als eine Gemeinde, die herrlich sei und keinen Flecken oder Runzel oder etwas dergleichen habe, sondern die heilig und untadelig sei. So sollen auch die Männer ihre Frauen lieben wie ihren eigenen Leib. Wer seine Frau liebt, der liebt sich selbst. Denn niemand hat je sein eigenes Fleisch gehasst; sondern er nährt und pflegt es wie auch Christus die Gemeinde. Denn wir sind Glieder seines Leibes. ›Darum wird ein Mann Vater und Mutter verlassen und an seiner Frau hängen, und die zwei werden ein Fleisch sein‹ (1. Mose 2,24). Dies Geheimnis ist groß; ich deute es aber auf Christus und die Gemeinde. Darum auch ihr: ein jeder habe lieb seine Frau wie sich selbst; die Frau aber ehre den Mann.«

Zunächst muss geklärt werden, was mit Unterordnung gemeint ist. Im Griechischen steht das Wort *hypotassein*. Damit ist keine zwangsweise Unterwerfung gemeint, sondern ein »sich einordnen«, etwas in die Ordnung von Jesus bringen.

Paulus macht in den weiteren Versen deutlich, dass Mann und Frau durch den Text gleichermaßen herausgefordert werden. Allerdings werden an die Frauen nur drei ermahnende Verse gerichtet und an die Männer neun.

Paulus schreibt hier Männern und Frauen das, was ihnen jeweils von Natur aus Mühe macht.

Den Männern sagt Paulus: »Liebt und gebt euch hin.« Das ist genau das, was den Männern normalerweise schwerfällt: Liebe zeigen, sich hingeben an eine Frau, nicht die körperliche Stärke demonstrieren und Gewalt ausüben über die Frau, sondern sich liebend hingeben.

Dreimal werden die Männer ausdrücklich zur Liebe ermahnt. So wie Christus aus Liebe zu seinen Menschen, zu seiner Gemeinde in den Tod gegangen ist, so sollen sich die Männer die Liebe von Jesus zum Vorbild für ihr eigenes Lieben, für ihr Verhalten gegenüber ihren Ehefrauen nehmen, sollen Haupt sein in Hingabe und Liebe. Hingabe hat etwas mit Kontrollverlust zu tun. Davor haben Männer Angst. Deswegen ermahnt Paulus die Männer speziell dazu: »*... liebt eure Frauen, wie auch Christus die Gemeinde geliebt hat und hat sich selbst für sie dahingegeben, um sie zu heiligen*« (Epheser 5,25-26). Das bedeutet: Der Mann wird gewürdigt, es Christus gleichzutun. Wenn er sich seiner Frau hingibt, tut er etwas Christusähnliches.

Die Frauen werden zur Unterordnung ermahnt. Unterordnung hört sich anders an, wenn durch die Hingabe des Mannes ein Raum der Geborgenheit entstanden ist. Oft schwingt ja bei der Vorstellung von Unterordnung Angst vor dem Verlust der eigenen Persönlichkeit mit, Angst davor, ausgenutzt zu werden.

Die Frau soll sich unterordnen, wie sich die Gemeinde unter Christus ordnet. Wie tut die Gemeinde das? In Begeisterung der Hingabe, in Freude und ehrfürchtiger Liebe, in Freiheit und großem Vertrauen.

Unterordnen meint:

- Die weibliche Stärke im emotionalen Bereich wird nicht gegen den Mann gerichtet, sondern für das Miteinander nutzbar gemacht. Ein Mann kann sich gegenüber seiner Frau im emotionalen Bereich zutiefst unterlegen fühlen. Männer sind verletzlicher, als sie nach außen hin scheinen. Sie haben Angst vor dem Entdecktwerden, dem Entblößtwerden, Angst vor Misserfolg und Verachtetsein, Angst vor Schwäche und Verworfenwerden.[92]
- Dem Mann soll genügend Raum gegeben werden, damit er zeigen kann, wie er mit seinen Schwächen und Stärken wirklich ist. Wo ein Mann sich hingeben kann, muss er nicht mehr unterdrücken. Wo er Schwäche zeigen kann, ohne dafür ausgelacht zu werden, muss er keine despotische Macht mehr ausüben.
- Dem Mann soll mit Würde und Wertschätzung begegnet werden. Die Frau sollte ihn an die erste Stelle stellen, ihm Achtung und Respekt entgegenbringen und ihm dadurch zur Entfaltung helfen.

Das Gegenstück zur Unterordnung der Frau ist das hingegebene Hauptsein des Mannes. Was Paulus hier mit Hauptsein meint, bedeutet nicht ein Oben und Unten, sondern ein Miteinander. Wenn das Haupt seinen Leib knüppelt, schadet es sich selbst. Leib und Haupt sind ja keine getrennten Größen, sondern eine Einheit. Die Gemeinde kann nicht von Christus getrennt werden, sonst ist sie tot. Diese Einheit von Christus und seiner Gemeinde soll sich am Verhältnis zwischen Mann und Frau abbilden.

Der Akt des sich Unterordnens und der Akt der Hingabe wurzeln beide in der gegenseitigen Liebe. Darum steht wie eine Überschrift über dem ganzen Text: »*Ordnet euch einander unter in der Furcht Christi*« (Epheser 5,21). Christus soll oberste Priorität in unserer Ehe haben. Er soll der Tonangebende, der Herr sein.

Nicht an den Herrschaftsstrukturen, sondern an der Liebe zueinander soll Christus erkannt werden. In Christus hört der Kampf der Geschlechter gegeneinander auf. Damit haben auch Sticheleien und Verletzungen keinen Raum mehr. In Christus gibt es die Möglichkeit zu neuer Einheit: gleiche Ziele, gleiches Wollen und dann darin einander tragen, füreinander da sein und für Christus leben. In der Art, wie wir miteinander in der Ehe umgehen, sind wir ein Hinweis auf Christus und die Gemeinde und umgekehrt. Deswegen resümiert Paulus: »*Dies Geheimnis ist groß, ich deute es aber auf Christus und die Gemeinde*« (Epheser 5,32).

Die biblischen Aussagen über das Verhältnis von Mann und Frau münden in der Feststellung des Apostels Paulus, dass in der Gemeinschaft unter Christus das Gegeneinander, die Abwertungen und Geringschätzungen ein Ende haben: »*… hier ist nicht Mann noch Frau; denn ihr seid allesamt einer in Christus Jesus*« (Galater 3,28).

Literatur

Simon Baron-Cohen. Vom ersten Tag an anders.
Düsseldorf/Zürich: Patmos Verlag 2004.

Doris Bischof-Köhler. Von Natur aus anders.
Stuttgart: Kohlhammer 2004.

Simone de Beauvoir. Das andere Geschlecht,
Sitte und Sexus der Frau.
Hamburg: Reinbek 1951.

Judith Butler. Das Unbehagen der Geschlechter.
Frankfurt: Suhrkamp 1991.

Erik H. Erikson. Kindheit und Gesellschaft.
Stuttgart: Klett Cotta 1968.

Shaunti Feldhahn. Männer sind Frauensache.
Asslar: Gerth Medien Edition Neues Leben 2009.

Anneliese Fuchs. Die besseren Zwei.
Wien/München: Herold 1987.

Christoph Gaspari/Anneliese Fuchs. Mann und Frau in unserer
Gesellschaft. In: Vereinszeitschrift AG Präventivpsychologie.
Wien: Selbst-Verlag 1980.

Hanna Barbara Gerl-Falkovitz. Frau-Männin-Menschin.
Kevelaer: Butzon und Bercker 2009.

Susan Gilbert. Typisch Mädchen, typisch Jungen.
Düsseldorf/Zürich: Patmos & Walter Verlag 2001.

Carol Gilligan. Die andere Stimme.
München: Piper 1993.

John Gray. Männer sind anders, Frauen auch.
München: Goldmann 1992.

Hildegard Hetzer. Kind und Jugendlicher in der Entwicklung.
Hannover: Schroedel 1970.

Gertrud Höhler. Wölfin unter Wölfen.
München: Econ Ullstein List 2000.

Emma Jung. Animus – Anima.
Zürich: Rascher 1938.

Harriet G. Lerner. Das missdeutete Geschlecht.
Frankfurt am Main: Fischer 1993.

Lawrence Kohlberg. Zur kognitiven Entwicklung des Kindes.
Frankfurt am Main: Suhrkamp 1974.

Eleanor Maccoby. Psychologie der Geschlechter –
Sexuelle Identität in den verschiedenen Lebensphasen.
Stuttgart: Klett Cotta 2000.

Jean Miller. Die Stärke der weiblichen Schwäche.
Frankfurt am Main: Fischer 1977.

Alexander Mitscherlich. Die Unfähigkeit zu trauern.
München: Piper 1967.

Michael Lukas Moeller. Die Wahrheit beginnt zu zweit.
Reinbek: Rowohlt 1992.

Jean Piaget. Das moralische Urteil beim Kinde.
Frankfurt am Main: Suhrkamp 1973.

Allan und Barbara Pease. Warum Männer nicht zuhören und
Frauen schlecht einparken.
München: Econ Ullstein List 2000.

Friedemann Schulz von Thun. Miteinander reden,
Störungen und Klärungen.
Reinbek: Rowohlt 1981.

Dietrich Schwanitz. Männer – Eine Spezies wird besichtigt.
Frankfurt am Main: Eichborn 2001.

Deborah Tannen. Andere Worte, andere Welten.
München: Goldmann 1997.

Deborah Tannen. Das habe ich nicht gesagt.
München: Goldmann 1999.

Deborah Tannen. Du kannst mich einfach nicht verstehen.
München: Goldmann 1991.

Paul Tournier. Rückkehr zum Weiblichen.
Freiburg: Herder 1981.

Walter Trobisch. Der missverstandene Mann.
Kehl: Edition Trobisch 1983.

Angelika Voß. Frauen sind anders krank als Männer.
München: Irisiana 2007.

Bärbel Wardetzki. Weiblicher Narzissmus.
Frankfurt: Kösel 2007.

P. Watzlawick/J.H. Beaven. Menschliche Kommunikation.
Bern: Huber 2007.

Anmerkungen

1 Sie sieht das »Weibliche« als das radikal andere. Frauen müssten eine eigene Gattung erschaffen, um über eine weibliche Beziehung zum mütterlichen Ursprung den Weg zu sich selbst zu beschreiten. Luce Irigaray geht schließlich sogar so weit, die Notwendigkeit einer weiblichen Gottheit als Identifikationsfigur zu postulieren.

2 Walter Hollstein, Geschlechterforscher der Universität Bremen und Autor des Buches »Was vom Manne übrigblieb«, zitiert in: Spiegel online, 27. Februar 2010.

3 Jörg Bopp, in: Publikforum 22/1984.

4 Simone de Beauvoir beschrieb in ihrem sehr komplexen Werk »Das andere Geschlecht«, wie Frau-Sein sich in der Relation zum Mann definiert, wie Konzepte der Differenz produziert und benutzt werden, um diese Unterschiede herzustellen und festzuschreiben. Dem stellte sie sich kämpferisch entgegen und ermutigte Frauen dazu, sich als den Männern gleichwertig zu verstehen.

5 Angelika Voß. Frauen sind anders krank als Männer. Plädoyer für eine geschlechtsspezifische Medizin. München: Irisiana 2007, S. 14.

6 Anneliese Fuchs. Die besseren Zwei. Wien/München: Herold 1997, S. 98.

7 www.welt-online.de, 17. 12. 2009.

8 Judith Butler. Das Unbehagen der Geschlechter. Frankfurt: Suhrkamp 1991.

9 Progenitor: span. Erzeuger(in), Vorfahre

10 Doris Bischof-Köhler. Von Natur aus anders. Stuttgart: Kohlhammer 2004, S. 19.

11 Gerl-Falkovitz/Hanna Barbara. Frau-Männin-Menschin, Kevelaer: Butzon und Bercker 2009, S. 167.

12 Emma Jung. Animus – Anima. Rascher: Zürich 1938.

13 Susan Gilbert. Typisch Mädchen, typisch Jungen. Düsseldorf/Zürich: Patmos & Walter Verlag 2001, S. 17.

14 So die Hauptthesen bei Simon Baron-Cohen. Vom ersten Tag an anders. Düsseldorf/Zürich: Patmos Verlag 2004.

15 Eleanor Maccoby. Psychologie der Geschlechter – Sexuelle Identität in den verschiedenen Lebensphasen. Stuttgart: Klett Cotta 2000, S. 138.

16 Gilbert, Typisch Mädchen, typisch Jungen, S. 27.

17 Simon Baron-Cohen. Vom ersten Tag an anders. Düsseldorf/
   Zürich: Patmos Verlag 2004, S. 149.
18 Allan und Barbara Pease. Warum Männer nicht zuhören
   und Frauen schlecht einparken. München: Econ Ullstein List
   2000, S. 94 f.
19 a. a. O. S. 49.
20 a. a. O. S. 52.
21 Voß, Frauen sind anders krank als Männer, S. 85.
22 Pease, Warum Männer nicht zuhören, S. 165.
23 Höhler, Wölfin unter Wölfen, S. 47.
24 z. B. Nelkamp, Thore Dominik. Der Einfluss von Testosteron
   auf kognitive Leistungen und die EEG-Aktivität,
   Inauguraldissertation vorgelegt in Lübeck 2004,
   medizinische Fakultät.
25 Maccoby, Psychologie der Geschlechter, S. 48.
26 Bischof-Köhler, Von Natur aus anders, S. 98.
27 Maccoby, Psychologie der Geschlechter, S. 58.
28 a. a. O. S. 52.
29 Baron-Cohen, Vom ersten Tag an anders, S. 173.
30 Maccoby, Psychologie der Geschlechter, S. 140.
31 Bischof-Köhler, Von Natur aus anders, S. 280.
32 Fuchs, Die besseren Zwei, S. 21.
33 a. a. O. S. 38-39
34 Dietrich Schwanitz. Männer – eine Spezies wird besichtigt.
   Frankfurt am Main: Eichborn 2001, S. 208.
35 a. a. O. S. 209.
36 a. a. O. S. 214.
37 Walter Trobisch. Der missverstandene Mann. Kehl:
   Edition Trobisch 1983, S. 12.
38 Erik H. Erikson. Kindheit und Gesellschaft. Stuttgart:
   Klett Cotta 1968, S. 92-103.
39 Baron-Cohen, Vom ersten Tag an anders, S. 86.
40 Paul Tournier. Rückkehr zum Weiblichen. Freiburg:
   Herder 1981, S 19 f.
41 a. a. O. S. 19.
42 Fuchs, Die besseren Zwei, S. 25-26.
43 Höhler, Wölfin unter Wölfen, S. 26.
44 Christoph Gaspari/Anneliese Fuchs. Mann und Frau in
   unserer Gesellschaft. In: Vereinszeitschrift AG Präventivpsychologie. Wien: Selbst-Verlag 1980, S. 12.

45 Sandra Witleson. The brain connection, Science, S. 229, 665-668, 1985.

46 Schwanitz, Männer, S. 99.

47 Höhler, Wölfin unter Wölfen, S. 150, 247.

48 a. a. O. S. 21.

49 Lawrence Kohlberg. Zur kognitiven Entwicklung des Kindes. Frankfurt am Main: Suhrkamp 1974/Jean Piaget. Das moralische Urteil beim Kinde. Frankfurt am Main: Suhrkamp 1973.

50 Carol Gilligan. Die andere Stimme. München: Piper 1993/Harriet G. Lerner. Das missdeutete Geschlecht. Frankfurt am Main: Fischer 1993.

51 Jean Miller. Die Stärke der weiblichen Schwäche. Frankfurt am Main: Fischer 1977, S. 121.

52 a. a. O. S. 143.

53 Maccoby, Psychologie der Geschlechter, S. 123 f.

54 Deborah Tannen. Du kannst mich einfach nicht verstehen. München: Goldmann 1991, S. 41.

55 Höhler, Wölfin unter Wölfen, S. 140.

56 a. a. O. S. 140.

57 Tannen, Du kannst mich einfach nicht verstehen, S. 43, 45.

58 Höhler, Wölfin unter Wölfen, S. 136 f.

59 Bischof-Köhler, Von Natur aus anders, S. 271.

60 a. a. O. S. 276.

61 Chuck Cowan (www.analyticfocus.com) und Cindy Ford (www.decisionanalst.com) zitiert in: Shaunti Feldhahn. Männer sind Frauensache. Asslar: Gerth Medien Edition Neues Leben 2009, S. 157.

62 Trobisch, Der missverstandene Mann, S. 24.

63 Tannen, Du kannst mich einfach nicht verstehen, S. 23.

64 John Gray. Männer sind anders, Frauen auch. München: Goldmann 1992, S. 56.

65 Tannen, Du kannst mich einfach nicht verstehen, S. 52.

66 Deborah Tannen. Das habe ich nicht gesagt. München: Goldmann 1999, S. 171.

67 Höhler, Wölfin unter Wölfen, S. 136.

68 Deborah Tannen. Andere Worte, andere Welten. München: Goldmann 1997, S. 101 f.

69 Tannen, Du kannst mich einfach nicht verstehen, S. 299.

70 Maccoby, Psychologie der Geschlechter, S. 68.

71 Tannen, Du kannst mich einfach nicht verstehen, S. 87, 88.

72 Michael Lukas Moeller. Die Wahrheit beginnt zu zweit. Reinbek: Rowohlt 1992, S. 32.

73 Indiana University School of Medicine, Bloomington.

74 Tannen, Du kannst mich einfach nicht verstehen, S. 79.

75 a. a. O. S. 92.

76 a. a. O. S. 93.

77 a. a. O. S. 260.

78 Friedemann Schulz von Thun. Miteinander reden, Störungen und Klärungen. Reinbek: Rowohlt 1981.

79 Tannen, Andere Worte, andere Welten/Tannen, Das hab ich nicht gesagt/Tannen, Du kannst mich einfach nicht verstehen.

80 Moeller, Die Wahrheit beginnt zu zweit, S. 30.

81 Höhler, Wölfin unter Wölfen, S. 133.

82 Trobisch, Der missverstandene Mann, S. 25.

83 Fuchs, Die besseren Zwei, S. 145.

84 Bischof-Köhler, Von Natur aus anders, S. 287.

85 Inge Seiffke-Krenke., Gut, dass sie anders sind. In: Psychologie heute, März 2004, S. 26 ff.

86 Mitscherlich, Die Unfähigkeit zu trauern. München: Piper 2007

87 Frank Gerbert, in: focus 4/93.

88 Norbert Schnabel in: Brennpunkt Seelsorge 2-94, S. 33.

89 Hetzer, Hildegard. Kind und Jugendlicher in der Entwicklung. Hannover: Schroedel 1970.

90 Bärbel Wardetzki. Weiblicher Narzissmus. Frankfurt : Kösel 2007, S. 114.

91 Brief des Paulus an die Gemeinde in Ephesus. Die Bibel. Neues Testament.

92 Paul Tournier. Rückkehr zum Weiblichen. Freiburg: Herder 1981, S. 162.

Cornelia Mack

Töchter & Mütter
Konflikte und Perspektiven

Taschenbuch, 12 x 19 cm, 176 S.
Nr. 395.077,
ISBN 978-3-7751-5077-4

»Mama« – das erste Wort eines Kindes. Vom Sand-kasten an begleitet uns unsere Mutter. Sie prägt uns, auch wenn wir uns von ihr lösen. Cornelia Mack zeigt, wie Töchter und Mütter zu einer gesunden Beziehung finden.

Bitte fragen Sie in Ihrer Buchhandlung nach diesem Buch!
Oder schreiben Sie an: SCM Hänssler,
D-71087 Holzgerlingen; E-Mail: info@scm-haenssler.de;
Internet: www.scm-haenssler.de

Cornelia Mack

Endlich mehr Zeit
Freiräume im Alltag schaffen

Gebunden, 10,5 x 16,5 cm, 144 S.
Nr. 394.785,
ISBN 978-3-7751-4785-9

Klar, Zeit ist kostbarer als Geld. Aber wir haben so wenig davon! Ein voller Terminkalender bei der Arbeit. Freizeitstress nach Feierabend. Wie finden wir Raum für die wichtigen Dinge im Leben? Cornelia Mack deckt Lügen über die Zeit auf. Sie zeigt: Klare Ziele, gestaltete Rhythmen und innere Ordnungen helfen zu mehr Zufriedenheit und Gelassenheit.

Bitte fragen Sie in Ihrer Buchhandlung nach diesem Buch!
Oder schreiben Sie an: SCM Hänssler,
D-71087 Holzgerlingen; E-Mail: info@scm-haenssler.de;
Internet: www.scm-haenssler.de